L'estime de soi,
un passeport pour la vie

La Collection du CHU Sainte-Justine
pour les parents

L'estime de soi,
un passeport pour la vie
3ᵉ édition

Germain Duclos

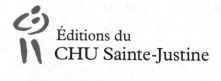

Éditions du
CHU Sainte-Justine

Catalogage avant publication de Bibliothèque et Archives nationales du Québec et Bibliothèque et Archives Canada

Duclos, Germain

L'estime de soi, un passeport pour la vie
3e éd.

(La Collection du CHU Sainte-Justine pour les parents)
Comprend des réf. bibliogr.

ISBN 978-2-89619-254-0

1. Estime de soi chez l'enfant. 2. Enfants - Psychologie. 3. Éducation des enfants. 4. Parents et enfants. 5. Estime de soi. I. Titre. II. Collection: Collection du CHU Sainte-Justine pour les parents.

BF723.S3D82 2010   155.4'182   C2010-942196-5

Illustration de la couverture: Marion Arbona
Photo de l'auteur: Nancy Lessard
Conception graphique: Nicole Tétreault

Diffusion-Distribution au Québec: Prologue inc.
                    en France: CEDIF (diffusion) – Daudin (distribution)
                    en Belgique et au Luxembourg : SDL Caravelle
                    en Suisse: Servidis S.A.

Éditions du CHU Sainte-Justine
3175, chemin de la Côte-Sainte-Catherine
Montréal (Québec) H3T 1C5
Téléphone: (514) 345-4671
Télécopieur: (514) 345-4631
www.editions-chu-sainte-justine.org

Dépôt légal: Bibliothèque et Archives nationales du Québec, 2010
             Bibliothèque et Archives Canada, 2010

Membre de l'Association nationale des éditeurs de livres

Remerciements

Je tiens à remercier les personnes suivantes, qui m'ont aidé dans la réalisation de cette nouvelle édition :

Sylvie Bourcier, ma conjointe, mon amour et ma merveilleuse complice ; mes enfants Martin et Sophie, qui m'inspirent et me font parler d'éducation avec cœur ;

Luc Bégin, pour la grande patience qu'il a manifestée au cours de ce projet ;

Marguerite Béchard, pour sa disponibilité et son travail exceptionnel ;

enfin, je tiens à remercier la Fondation Lucie et André Chagnon, qui me permet de vivre un beau rêve professionnel au service des enfants et de leurs parents.

TABLE DES MATIÈRES

CHAPITRE 5
Favoriser un sentiment de compétence......................141

INTRODUCTION

Dans le milieu de l'éducation et dans le domaine de la santé mentale, on considère de plus en plus l'estime de soi comme fondamentale pour le bien-être psychologique de l'être humain. On en traite régulièrement dans les médias. Pourquoi cet engouement ? Ne s'agit-il que d'une mode parmi d'autres ? Pourtant, le concept de l'estime de soi est loin d'être récent. Il a été décrit pour la première fois en 1890 par le psychologue américain William James, qui a notamment expliqué que l'estime de soi se situe dans la personne et qu'elle se définit par la cohésion entre ses aspirations et ses succès. À cette époque, on limitait l'estime de soi au rendement ou au sentiment de compétence en relation avec ses ambitions. Cette conception de l'estime de soi est encore très présente aux États-Unis.

On entend souvent parler de l'estime de soi, mais peu de personnes en comprennent le vrai sens, qui est beaucoup plus fondamental et profond qu'une valorisation personnelle limitée à son apparence, à son rendement ou à sa réputation. La popularité de l'estime de soi, qui n'est pas une mode, est sous-tendue par une recherche de sens dans l'ensemble de notre société de consommation qui véhicule surtout des valeurs reliées à l'«avoir» plutôt qu'à l'« être ».

Toute personne ressent le besoin, plus ou moins conscient, de percevoir qu'elle a une valeur intrinsèque, indépendamment de ses possessions matérielles et de sa performance. Même les adultes peu scolarisés et qui ne sont pas des adeptes de la psychologie perçoivent intuitivement l'importance de l'estime de soi dans le développement de l'enfant et du bonheur chez l'adulte. Pour être heureux, il faut s'estimer. Il faut trouver acceptable l'évaluation que l'on a de sa personne. Un sentiment de nullité quant à sa valeur personnelle correspond à celui d'une vie qui n'a pas de sens.

Aussi, toute personne œuvrant dans le domaine des relations humaines sait que l'estime de soi constitue l'un des principaux facteurs du développement humain. Elle sert de fondement à l'éducation, qui consiste essentiellement à accompagner ou à guider les enfants et les adolescents dans leur vie affective, sociale, intellectuelle et morale.

Nombreux sont les parents qui s'interrogent sur les attitudes et les moyens les plus susceptibles de garantir le bon développement de leurs enfants. Étant donné le climat d'insécurité qui règne de nos jours, sur le plan familial comme sur le plan économique, ces interrogations sont souvent empreintes d'inquiétude. Il ne faut pas oublier que nous vivons dans une société qui est en pleine mutation, qui remet en question de nombreuses valeurs et qui offre très peu de modèles de référence stables ou de projets de société sur lesquels s'appuyer.

Le développement de l'estime de soi se fait selon un processus continu et intégré à l'éducation des enfants. Ce processus doit être alimenté par des moyens concrets et, en priorité, par les attitudes éducatives appropriées. C'est ce qui se produit lorsque les parents et les éducateurs ont une attitude chaleureuse à l'égard des enfants, lorsqu'ils leur accordent toute leur présence et l'attention nécessaire, lorsqu'ils soulignent régulièrement leurs gestes positifs, lorsqu'ils croient en leur capacité de relever des défis et lorsqu'ils évitent les mots qui blessent et les sarcasmes.

Mise à part la satisfaction de ses besoins, ce qu'un enfant demande aux adultes qui lui sont significatifs est, premièrement, de reconnaître son existence et, deuxièmement, de confirmer sa valeur.

Ce sont les enfants et les adolescents qui m'ont amené à m'interroger et à approfondir la problématique de l'estime de soi. En effet, comme praticien, j'ai été confronté régulièrement à l'importance de l'estime de soi au cours de mes trente années d'intervention auprès d'enfants et d'adolescents qui vivaient des difficultés d'adaptation ou d'apprentissage scolaire. J'ai constaté que la grande majorité de ces jeunes en difficulté avaient une faible estime d'eux-mêmes.

Je devais constamment me poser cette question par rapport à chacun d'eux : « Est-ce qu'il vit des difficultés à cause d'une pauvre estime de lui-même ou, au contraire, a-t-il une faible estime de lui-même à cause des difficultés ou des échecs qu'il a vécus ? » C'est le paradoxe de l'œuf ou de la poule mais, dans la pratique, l'enfant ou l'adolescent parvenait beaucoup plus facilement à surmonter ses difficultés s'il développait une meilleure estime de lui-même. Au cours de mes consultations et des très nombreuses conférences que j'ai prononcées, j'ai pu constater que l'estime de soi était une préoccupation largement répandue dans le public.

Le présent livre s'adresse à tous les adultes qui ont la responsabilité de l'éducation des enfants et qui cherchent à acquérir les attitudes éducatives ainsi que les moyens nécessaires pour guider les enfants dans la voie de l'autonomie et de l'espoir en l'avenir. Il fait le point sur l'état des connaissances actuelles, théoriques et pratiques, relatives au développement de l'estime de soi chez les enfants.

Il n'a pas la prétention d'être à la fine pointe des recherches scientifiques et expérimentales. Ce livre est avant tout l'œuvre d'un praticien qui s'est efforcé au cours des années d'écouter les propos et de décoder les besoins des enfants et de leurs parents. Il s'appuie sur des fondements théoriques et pratiques, accessibles au public.

Le premier chapitre traite de l'estime de soi en général et donne une définition de ce concept tout en décrivant le développement de l'estime de soi ainsi que les caractéristiques qui lui sont propres. Le deuxième étudie principalement la composante fondamentale de l'estime de soi, c'est-à-dire le sentiment de sécurité et de confiance. Le troisième s'attarde à la connaissance de soi, le quatrième, au sentiment d'appartenance à un groupe et le cinquième, au sentiment de compétence. Enfin, le sixième chapitre traite du sentiment de compétence parentale. Confiance, connaissance de soi, appartenance à un groupe et compétence contribuent à bâtir l'estime de soi qui servira de passeport à l'enfant pour la vie. Des stratégies et des conseils pratiques pour faire vivre ces sentiments aux enfants sont aussi proposés dans chaque chapitre.

De très nombreuses recherches établissent que l'estime de soi aide à prévenir toutes sortes de problèmes de comportement ou d'apprentissage et qu'elle protège contre la dépression. L'estime de soi se construit sur la base des relations d'attachement et de complicité que chacun vit, et ce sont ces mêmes relations qui lui permettent de surmonter sereinement les difficultés de la vie. En grandissant, l'enfant peut à son tour favoriser l'estime de soi chez les autres, car il peut s'appuyer sur la sienne. Comme l'a si bien dit Jean-Paul Sartre : « L'important n'est pas ce qu'on fait de nous mais ce que nous faisons nous-mêmes de ce qu'on a fait de nous. » Croire à l'importance de l'estime de soi, c'est aimer l'être humain pour sa valeur intrinsèque. L'estime de soi est porteuse d'espoir. C'est le plus beau cadeau qu'on peut se transmettre d'une génération à l'autre.

CHAPITRE 1

Définition et caractéristique de l'estime de soi

> *« Le plus grand mal qui puisse échoir à l'homme serait*
> *qu'il ait mauvaise opinion de lui-même. »*
>
> Gœthe

On entend beaucoup parler d'estime de soi de nos jours, à tel point que l'expression entre peu à peu dans le langage populaire. C'est peut-être là un symptôme de malaise collectif. À notre époque, les gens souffrent d'insécurité face aux guerres incessantes et aux problèmes politiques et environnementaux qui menacent sérieusement la survie de l'être humain. Dans notre contexte de néolibéralisme sauvage où l'employé n'a pas plus d'importance que la courroie d'une machine, nombreuses sont les personnes qui se tournent vers la valeur intrinsèque de l'être humain pour garantir leur destinée et leur responsabilité, tant individuelle que collective. Une femme enceinte m'exprimait son pessimisme en ces termes : « Pourquoi donner naissance à un enfant quand je vois tout ce qui se passe dans le monde ? Est-ce que la vie que je lui donne sera un malheur pour lui ? »

Dans l'un de ses derniers rapports, Santé Québec mentionne que 27 % des adultes de la grande région de Montréal vivent un état de détresse psychologique qui se caractérise par des sentiments d'aliénation sociale, de morosité et de pessimisme. Ces personnes se sentent victimes de problèmes familiaux et économiques dont ils ne voient pas l'issue. On assiste à de sérieux problèmes existentiels qui s'expriment notamment par ces questions: «Quelle est ma valeur comme personne?», «Quel est le sens de ma vie?», «Qu'est-ce que je fais de ma vie?». C'est en partie pour répondre à ces interrogations, à cette quête de sens vécue partout dans le monde, qu'on se centre de plus en plus sur la valeur intrinsèque de l'être humain. En effet, le soi est l'un des sujets d'études les plus développés, surtout en psychologie occidentale.

Chaque année, on publie une profusion de nouvelles recherches sur l'estime de soi, la conscience de soi, la découverte de soi, les schémas du soi, le contrôle du soi, etc. Si l'on procède à une recherche bibliographique sommaire, on se rend compte qu'il y a plus de 7000 articles et plus de 600 livres qui traitent de l'estime de soi ou de l'une de ses multiples facettes. Ainsi, l'évolution croissante de cette tendance met en évidence l'importance qu'on accorde à la connaissance, à la conscience et à l'accomplissement, surtout par l'estime de soi. Est-ce de la *pop psychology*, de l'*ego trip*? Chez un certain nombre de personnes, l'estime de soi a un sens superficiel, mais beaucoup de gens y voient une signification plus profonde, notamment ceux qui ressentent un mal de vivre. Par hasard, j'ai trouvé une allégorie qui symbolise bien la quête de sens et surtout le désir plus ou moins conscient d'une personne en détresse de se donner une valeur grâce à l'estime de soi. Voici cette histoire.

Ma maison

«Elle était jolie, cette maison que j'habitais depuis des années. On la reconnaissait à son toit de bardeaux et à ses grandes fenêtres ouvertes sur l'extérieur. Pourtant, je ne m'y sentais pas bien.

«Pendant mon enfance, je ne la voyais pas vraiment. Je ne me préoccupais pas de l'enjoliver ni d'apprécier ses beautés. Pendant longtemps, j'y étais presque insensible. J'y vivais par habitude.

« Lorsque quelqu'un me faisait remarquer qu'un objet décoratif était plus ou moins joli, je n'y portais pas attention ; ou plutôt, je ne *voulais* pas y porter attention. Alors, je le cachais ou bien je ne le regardais plus, mais tôt ou tard cet objet refaisait surface, par je ne sais quelle magie.

« J'y vivais comme un automate. Lorsque quelqu'un me complimentait sur un élément particulièrement agréable ou même de grand prix, je rougissais, disant que ce n'était rien, sinon une illusion. Puis, un jour, je ne sais pour quelle raison, cette maison si familière devint pour moi, tout à coup, inhabitable.

« Je me mis à la détester. Je la fuyais. Je ne lui trouvais plus rien de beau. Je la sentais comme hantée, habitée d'une maladie que je croyais incurable. J'avais beau fuir, cette maison me suivait. J'aurais voulu la démolir.

« Je la voyais si laide que je pensais qu'elle devait disparaître. Jusqu'au jour où, sur mon chemin, j'ai croisé des spécialistes en décoration intérieure. Je les ai fait entrer dans ma maison que je trouvais laide et, eux, ils l'ont trouvée belle.

« Ils m'ont fait ressortir les plus belles décorations que j'avais cachées au fond du sous-sol. Non seulement je les avais oubliées, mais lorsque je les ai redécouvertes, j'ai eu peine à croire qu'elles m'avaient déjà appartenu, ces petites choses qui rendent pourtant la vie si agréable.

« Je me suis mis au travail. Avec l'aide de ces décorateurs, j'ai fini par sélectionner de belles trouvailles que, maintenant, je mets en vue ; non pas pour les montrer aux autres dans le but de leur faire envie, mais bien plus pour les voir et les admirer moi-même. Quelle satisfaction de redécouvrir ces trésors que je croyais à jamais disparus !

« Cette maison, je continue maintenant de l'embellir. Elle n'a pas d'adresse et ne coûte pas un sou à chauffer, même en hiver. J'y habite seul, mais j'y reçois beaucoup de visite, puisque maintenant je laisse les portes ouvertes. J'ai définitivement jeté le cadenas qui l'a si longtemps gardée fermée. »

Anonyme

J'ai connu des centaines d'enfants et d'adolescents brisés par des échecs et par l'incompréhension de l'entourage. Ils se sentaient comme des moins que rien. Ils criaient leur désespoir, ou leur absence d'espoir ; certains ayant perdu le goût de vivre ou devenant neurasthéniques sombraient dans la dépression. Selon deux ouvrages conçus pour établir le diagnostic des troubles mentaux, le DSM IV et le CIM 10, il existe une relation entre une faible estime de soi et la dépression. L'abaissement de l'estime de soi s'exprime souvent par des sentiments d'indignité personnelle ou de culpabilité et par un dégoût généralisé de la vie, observable dans les formes les plus graves de la dépression.

Sans vivre un état si dramatique, beaucoup de jeunes et d'adultes se dévalorisent. Ils sont en quête d'une estime d'eux-mêmes. Les jeunes en difficulté ne se reconnaissent souvent aucune valeur personnelle. Je me souviens de Bruno, 9 ans, qui avait repris une année à l'école et qui vivait des difficultés d'apprentissage et des échecs depuis sa première année. Il ne s'accordait aucune qualité et aucune compétence, malgré un talent évident en dessin et en casse-tête. Ce garçon ne manifestait aucun intérêt pour les activités que je lui proposais.

Un jour, il dit à mi-voix : « Faudrait que l'école meure ! » Je sentais qu'il me communiquait ainsi une partie de sa détresse. Je n'ai fait que l'accueillir dans ses propos, sans jugement ni remontrance. Un peu plus tard il ajouta : « Ou bien que ce soit moi qui meure... » Bruno avait grand besoin de développer une estime de lui-même. Comme dans l'allégorie, j'ai joué le rôle du décorateur intérieur en l'aidant à prendre conscience de ses qualités et de ses compétences, en dehors de l'école. Je me suis contenté de le guider en acceptant ses résistances, ses faux-fuyants, mais surtout en respectant son rythme. Des petites étincelles de fierté sont parvenues à illuminer ses yeux. Aujourd'hui, Bruno est passionné par son travail en design graphique.

Des milliers d'enfants sont meurtris par des échecs, notamment à l'école. Ils sont déçus d'eux-mêmes et ils perçoivent pertinemment qu'ils déçoivent les adultes qu'ils aiment ou apprécient. Comme le mentionne le docteur Mel Levine, l'avenir de ces jeunes est surtout perturbé par une faible estime de soi consécutive aux échecs :

> « Les enfants qui ont une faible estime d'eux-mêmes sur le plan intellectuel sont souvent habités par une sorte de fureur intérieure. Ils se sentent pris au piège. Jour après jour, les cours d'enseignement structuré sont le lieu de leur humiliation et viennent leur rappeler leur infériorité cognitive. Or, les enfants ont très peu de tolérance pour ces sentiments négatifs enfouis, pour ce type de vision terriblement défavorable envers leur personne. Dans certains cas, ceux qui ont une piètre estime d'eux-mêmes sur le plan intellectuel sont condamnés à éprouver tous les jours un sentiment de honte en classe, ce qui risque d'en faire de véritables bombes à retardement. Ces étudiants deviennent particulièrement vulnérables à toutes les dérives catastrophiques qui guettent les adolescents et les jeunes adultes, notamment l'abus de drogues, la dépression, la délinquance juvénile, la grossesse non désirée et le décrochage. De toute évidence, l'enjeu est de taille. Par conséquent, les familles, les écoles et la société en général devraient se fixer comme priorité numéro un de favoriser l'estime de soi sur le plan intellectuel chez tous les enfants[1]. »

Malheureusement, ce ne sont pas uniquement les jeunes en difficulté ou vivant des échecs qui souffrent d'une faible estime d'eux-mêmes. Il s'agit en fait d'un problème fort répandu et qu'on retrouve même chez des enfants qui réussissent bien. Comme le mentionne Higgins, une mauvaise estime de soi peut produire à long terme des effets désastreux :

---

1. LEVINE, M. *À chacun sa façon d'apprendre*. Varennes (Québec) : Éditions AdA, 2003. p. 281.

« Avoir une mauvaise estime de soi comporte un coût. Plus souvent que le contraire, le malheur et le désespoir accompagnent cette mauvaise image. Les gens qui sentent qu'ils sont en deçà de ce qu'ils espéraient sont plus sujets à la dépression. Ceux dont l'image de soi est en dessous de ce qu'ils croient devoir être sont enclins à l'anxiété[2]. »

Une définition de l'estime de soi

Chaque personne se fait une idée d'elle-même et, au fil de ses expériences, se forge une image qui varie considérablement dans le temps. De récentes études montrent que cet autoportrait change tout au long de la vie et qu'il continue toujours à se modifier, même après 80 ans.

Les dictionnaires définissent généralement l'estime de soi comme étant un sentiment favorable, né de la bonne opinion qu'on a de son mérite et de sa valeur. Le *Dictionnaire actuel de l'éducation*[3] décrit l'estime de soi comme la valeur qu'un individu s'accorde globalement; on ajoute que cette valeur fait appel à la confiance fondamentale de l'être humain en son efficacité et en ses mérites.

Selon mon point de vue, la définition la plus complète et la plus nuancée de l'estime de soi se retrouve dans un des livres de Josianne de Saint-Paul. Elle est ainsi formulée :

« L'estime de soi est l'évaluation positive de soi-même, fondée sur la conscience de sa propre valeur et de son importance inaliénable en tant qu'être humain. Une personne qui s'estime se traite avec bienveillance et se sent digne d'être aimée et d'être heureuse. L'estime de soi est également fondée sur le sentiment de sécurité que donne la certitude de pouvoir utiliser son libre arbitre, ses capacités et ses facultés d'apprentissage

---

2. HIGGINS, E.T. « Self discrepancy: a theory relating self and affect ». *Psychological Review* 1987 93(3): 319-340.
3. LEGENDRE, R. *Dictionnaire actuel de l'éducation*. Montréal: Guérin; Paris: Eska, 1993. 1500 p.

pour faire face, de façon responsable et efficace, aux événements et aux défis de la vie[4]. »

Selon cette définition, l'estime de soi est avant tout un jugement positif face à soi-même, mais cela suppose au préalable une conscience et une connaissance de soi. L'estime de soi est la conscience de sa valeur personnelle dans différents domaines. Il s'agit, en quelque sorte, d'un ensemble d'attitudes et de croyances qui nous permettent de faire face à la réalité et au monde.

Il est important de bien préciser ce que nous entendons par *la conscience de sa valeur personnelle*. Ce n'est pas tant la valeur qui est en cause, mais la conscience de celle-ci. En effet, il y a beaucoup d'individus (enfants, adolescents ou adultes) qui font preuve de belles et grandes qualités, qui manifestent beaucoup de compétence et de talent, mais qui, n'en étant pas conscients, ressentent une faible estime d'eux-mêmes. Ce n'est donc pas la maîtrise ni l'actualisation de forces et d'habiletés particulières qui font qu'une personne a une bonne estime d'elle-même. La clé de l'estime de soi se trouve dans le processus de « conscientisation ». Elle consiste en la représentation affective qu'on se fait de soi-même par rapport à ses qualités et habiletés, ainsi qu'en la capacité de conserver dans notre mémoire ces représentations de manière à les actualiser et à surmonter des difficultés, à relever des défis et à vivre de l'espoir.

En s'appuyant sur une conscience et une connaissance de soi, qui sont relatives et plus ou moins limitées selon l'âge de l'enfant, ce dernier en vient à poser un jugement, vers l'âge de 8 ou 9 ans, sur ce qu'il connaît de lui-même. Comme le mentionne Monbourquette, « c'est l'ensemble des jugements portés sur soi-même qui constituera l'estime de soi[5] ».

---

4. De Saint-Paul, J. *Estime de soi, confiance en soi*. Paris : Inter Éditions, 1999. p. 20.

5. Monbourquette, J. *De l'estime de soi à l'estime du Soi*. Montréal : Novalis, 2002. p. 26.

Le terme « estimer », du latin « *æstimare* » signifie « déterminer la valeur de » et « avoir une opinion favorable sur ». Il faut donc poser un jugement pour déterminer sa propre valeur ou avoir une bonne opinion de soi-même. Transposée dans le langage courant, l'expression « estime de soi » veut donc dire « juger de sa valeur personnelle ». Elle implique une dimension cognitive.

Il existe deux grandes tendances dans la documentation scientifique relative à l'estime de soi. La première, représentée surtout par Virginia Satir, appuie l'estime de soi sur le sens de sa valeur inaliénable et de son importance comme personne, un droit légitime et gratuit acquis à la naissance. C'est l'estime de soi au niveau de l'« être ». Ce sentiment favorise le respect de soi, le sens de sa dignité, la conviction de pouvoir être aimé et heureux, et de le mériter tout simplement parce qu'on est un être humain. Il permet également de s'aimer soi-même, d'avoir de l'amour-propre. Selon *Le Petit Robert*, l'amour-propre est un « attachement exclusif à sa propre personne, à sa conservation et à son développement. C'est le sentiment vif de la dignité et de la valeur personnelle, qui fait qu'un être souffre d'être mésestimé et désire s'imposer à l'estime d'autrui ». Selon cette définition, l'amour-propre constitue la dimension affective de l'estime de soi. Le manque d'amour-propre ou de dignité humaine est un problème que l'on rencontre fréquemment, par exemple chez les clochards. Mis à part leurs problèmes de santé mentale ou de toxicomanie, la plupart d'entre eux ont perdu le sentiment de leur dignité. À leurs yeux, ils ne valent rien. L'estime de soi en fonction de sa valeur intrinsèque ou de son « être » amène la personne à se dire qu'elle a une valeur, indépendamment de son apparence ou de ses réussites, tout simplement parce qu'elle est un être humain.

L'autre tendance, la plus répandue dans les milieux américains, situe l'estime de soi dans le « paraître », les compétences et les résultats. L'un des principaux promoteurs de cette tendance est Nathaniel Branden, qui considère que

« l'estime de soi est la disposition à se considérer comme compétent pour faire face aux défis de base de l'existence et digne d'être heureux[6] ».

Certains auteurs mentionnent qu'on confond souvent l'estime de soi relative à son être (ou à sa valeur intrinsèque) et l'estime de soi relative à sa façon d'agir, son apparence ou son rendement (le paraître)[7]. Malheureusement, plusieurs personnes jugent de leur valeur uniquement sur la base de leurs « résultats » ou de leur apparence corporelle ou sociale (leur réputation). Leur estime d'elles-mêmes dépend alors du jugement ou de l'approbation des autres. Ces personnes en viennent à vivre un stress de performance ou un sentiment urgent de toujours bien paraître pour être estimées et aimées. La valeur qu'elles s'attribuent est essentiellement extrinsèque et souvent aléatoire, car elle dépend d'une approbation sur laquelle elles n'ont aucun pouvoir.

Selon Monbourquette, « l'estime de soi pour sa personne et celle pour sa compétence sont toutes deux nécessaires. Il importe de trouver un juste équilibre entre les deux, de les harmoniser correctement[8] ». Pour cet auteur, ces deux formes d'estime de soi doivent être également valorisées. De façon judicieuse, il note sa préférence pour l'« être » : « On accordera cependant la priorité à l'estime de soi pour sa personne, selon le principe philosophique que l'agir suit l'être *(agere sequitur esse)*[9] ».

Il ne faut pas oublier que les jugements des autres se forment en fonction de l'estime que la personne a d'elle-même. En effet, un enfant ou un adulte qui a une bonne estime de lui-même est plus sûr de ses capacités et se montre plus déterminé dans la poursuite de ses objectifs ; ces attitudes

6. Branden, N. *L'estime de soi, une force positive*. Montréal : Sciences et culture, 2003.
7. Monbourquette, J., M. Ladouceur et J. Desjardins-Proulx. *Je suis aimable, je suis capable : parcours pour l'estime et l'affirmation de soi*. Outremont (Québec) : Novalis, 1998. 362 p.
8. *Ibid.*
9. *Ibid.*

entraînent des jugements positifs de la part des autres à son égard. C'est ce qu'on appelle le cycle dynamique des régulations réciproques entre l'« être » et le « paraître », qui se nourrissent mutuellement.

Le concept de l'estime de soi a été largement diffusé aux États-Unis et particulièrement en Californie. En 1984, le sénateur de Californie John Vasconcellos avait constaté que des problèmes sérieux comme la violence, la délinquance, la consommation de drogues, l'abandon scolaire et le chômage affligeaient son État, comme d'ailleurs plusieurs régions du monde. Ces problèmes sociaux coûtaient très cher à l'État et il soupçonnait que ces désordres étaient symptomatiques d'une faible estime de soi dans la population. On a alors constitué une commission d'enquête composée de spécialistes du domaine. À la suite de recherches, les experts ont conclu qu'il était plus rentable de miser sur la prévention par la promotion du bien-être de l'individu et par des programmes de développement de l'estime de soi, et de favoriser ainsi la santé de la société, plutôt que de réagir de façon souvent inefficace aux différents problèmes psychosociaux.

Le rapport de cette commission d'enquête a été publié en 1990 et il inclut une déclaration d'engagement qui dépasse la notion de valeur intrinsèque de la personne : « Je m'engage à m'apprécier à ma vraie valeur et selon mon importance réelle, et à être constamment responsable de moi comme de mes actions envers les autres » (Définition officielle du Comité d'action californien pour la promotion de l'estime de soi).

Dans cette définition, on retrouve les deux tendances, soit l'estime de soi pour sa personne (l'« être ») et celle relative à sa compétence (le « paraître »). On incite en plus les gens à tenir compte de l'agir en étant responsables d'eux-mêmes et des autres. On a donc transmis le principe qu'il n'y a pas de liberté sans responsabilité personnelle et sociale.

Depuis cette époque, de nombreux programmes de promotion de l'estime de soi ont été appliqués, surtout dans les écoles, et évalués systématiquement par des organismes neutres et indépendants. Les effets ont été très positifs, surtout pour ce qui est de la réussite éducative, à tel point que de nombreuses industries se sont inspirées de ces programmes pour rehausser l'estime de soi chez leurs employés, non par humanisme mais par souci de rentabilité...

Un jugement réaliste

Estimer veut dire poser un jugement, et cela suppose une certaine maturité intellectuelle. En ce sens, on ne peut parler avant 7 ou 8 ans d'une réelle estime de soi. Ce fait a été largement confirmé par les travaux de Susan Harter[10]. Ce chercheur a mis en évidence le fait qu'un enfant, avant de développer une estime de lui-même, doit être capable d'une pensée logique. Jean Piaget, le grand chercheur qui a travaillé sur le développement de l'intelligence à Genève, a largement démontré avec son équipe que l'accès à un jugement logique, à une pensée opératoire concrète, se situe autour de 8 ans.

En général, avant 7 ou 8 ans, l'enfant a une pensée encore trop candide, naïve et égocentrique pour être capable d'un jugement critique face à lui-même. Je me souviens de Julie, 6 ans, qui éprouvait de sérieuses difficultés d'apprentissage en lecture. Elle se comportait quelque peu de façon dyslexique, faisant des inversions, confondant des mots, etc. Sa lecture à haute voix était syllabique, lente et laborieuse. C'était pathétique de l'entendre lire. Finalement je lui ai demandé : « Comment ça va pour toi en français, en lecture ? » Elle répondit spontanément, de façon naïve et sincère : « Moi, je trouve que ça va très bien ! »

Dans son cas, la réponse n'était pas une défense contre un sentiment de dévalorisation, mais plutôt une absence de jugement logique ou d'objectivité face à elle-même.

10. HARTER, S. «Developmental perspectives on the self system». In E.M. HETHERINGTON, *Handbook of Child Psychology*, 1983, vol. 4 : pp. 275-385.

Cela était tout à fait normal, compte tenu de son âge. Cependant, lorsqu'elle aura acquis une réelle capacité de raisonnement logique, il est probable qu'elle en arrivera à se juger négativement. Elle souffrira sans doute lorsqu'elle se rendra compte que les autres enfants lisent mieux qu'elle et qu'elle présente de plus un retard scolaire par rapport à ses camarades de classe. Pour empêcher ces enfants en difficulté d'apprentissage d'avoir une trop faible estime d'eux-mêmes, j'ai souvent souhaité secrètement qu'ils conservent à jamais leur candeur et leur naïveté.

Ainsi, avant l'âge de 7 ou 8 ans, on ne peut parler d'une véritable estime de soi chez l'enfant. Ses capacités intellectuelles ne sont pas assez développées pour qu'il puisse jeter un regard critique sur lui-même et accéder à un véritable monologue intérieur. Le jeune enfant de 3 à 6 ans a encore une perception magique de lui-même; il ne peut observer ses actions de façon séquentielle, causale et logique.

La pensée du tout-petit est trop égocentrique pour lui donner une juste conscience de lui-même. Toutefois, la vision de l'enfant est liée à son très récent passé. La connaissance de soi chez l'enfant d'âge préscolaire se limite donc à l'activité qu'il vient de vivre; il est circonscrit à un passé récent, ainsi qu'à un espace précis. Cette connaissance prépare l'avènement de l'estime de soi.

Vers 7 ou 8 ans, avec l'apparition de la pensée logique, l'enfant devient capable de récupérer les images positives provenant de ses expériences et de les intégrer dans une vision globale. D'où l'importance d'avoir envers les tout-petits des attitudes qui prépareront l'apparition, vers 7 ou 8 ans, d'une solide estime de soi. À partir de cet âge, grâce à l'apparition d'une pensée critique face à lui-même, l'enfant est très influencé par ses propres évaluations (exprimées verbalement ou dans son monologue intérieur) sur ses compétences dans des domaines jugés importants par les personnes significatives à ses yeux.

L'enfant peut maintenant faire une évaluation globale de sa valeur personnelle et il peut aussi estimer sa valeur dans chacun des domaines de sa vie, selon ses critères personnels ou ceux des personnes qu'il juge importantes. Ainsi l'enfant commence à s'évaluer lui-même et, par ses actes, ses paroles et ses attitudes, il exprime aux autres sa propre estime.

J'ai souvent constaté, dans mon travail en clinique et par les questions des parents durant mes conférences, que bien des gens confondent estime de soi et narcissisme. Cette confusion se retrouve particulièrement en Europe francophone. D'abord, il y a lieu de préciser qu'il existe une forme de narcissisme tout à fait adapté et acceptable, comme le mentionne ce manuel de psychopathologie de l'enfant et de l'adolescent:

> «Le narcissisme normal résulte d'un équilibre sain entre l'investissement narcissique (se traduisant par une estime de soi de bonne qualité) et l'investissement objectal (se traduisant par la capacité d'empathie et de socialisation). Le narcissisme normal renvoie à des représentations bien intégrées de soi et des autres[11]. »

Ce narcissisme normal vise un juste équilibre entre l'amour que l'on se porte et celui qu'on porte aux autres. C'est un concept équivalent à l'estime de soi, comme le souligne Monbourquette: «L'estime que j'ai bâtie de moi-même dépend à la fois de l'appréciation des autres et de la mienne[12]. »

Autrement dit, il vaut mieux parler d'estime de soi que de narcissisme normal.

Malheureusement, trop de personnes, et même certains spécialistes, confondent estime de soi et narcissisme pathologique chez une personne qui se surestime et qui est centrée sur elle-même. L'estime de soi n'est pas du tout synonyme

---

11. HABIMANA, E. *et al. Psychopathologie de l'enfant et de l'adolescent.* Montréal: Éditions Gaëtan Morin, 1999. p. 270.
12. MONBOURQUETTE, J. *Op. cit.*, 2002. p. 26.

de narcissisme pathologique et ne constitue nullement un sentiment d'admiration de soi-même associé à de l'égocentrisme, à des sentiments de grandeur et d'omnipotence. Beaucoup de parents m'ont posé cette question : « Est-ce que mon enfant peut avoir trop d'estime de lui-même ? » L'estime de soi est souvent associée à vanité, orgueil et égoïsme. Je réponds aux parents que pour éviter que leur enfant se surestime, ils doivent lui faire remarquer de temps en temps les difficultés qu'il affronte. Non pas les limites, encore moins les handicaps, mais bien les difficultés, les défis à relever. Par exemple, c'est ce message qu'il faut transmettre à l'enfant, selon son âge ou sa capacité de compréhension : « Tu réussis bien en mathématique, mais tu as plus de difficulté en écriture » ou « Tu réussis bien dans les sports, mais tu as de la difficulté à partager tes jouets ». Le parent doit amener l'enfant à répondre à la question suivante : « Qu'est-ce que tu peux faire pour surmonter la difficulté ? » Par cette question, nous transmettons notre conviction que l'enfant est capable de relever le défi. Il est important d'avoir des attentes face à l'enfant. Si un parent n'a aucune attente ou exigence face à son enfant, celui-ci risque de se juger incompétent : « On ne me considère pas assez habile ou intelligent pour me proposer des défis. » Il s'avère également essentiel qu'on lui propose des défis réalistes, c'est-à-dire adaptés à son niveau de développement et à ses capacités, en lui suggérant si nécessaire des stratégies pertinentes. Il va sans dire que le parent doit lui proposer des défis à sa mesure, en évitant les mots blessants, l'humiliation ou le sarcasme qui saperait son estime de soi. Bref, le parent doit faire preuve d'un jugement réaliste face à son enfant s'il désire que celui-ci adopte cette attitude pour lui-même.

Lorsque l'enfant s'aperçoit qu'il vit des difficultés et que, pour se développer, il doit améliorer certains points ou relever certains défis, il peut alors faire le deuil de sa toute-puissance, ce qui prévient une surestime de soi et le narcissisme pathologique.

Un enfant qui se sous-estime ou qui se dévalorise fréquemment est en mal d'estime de soi. Dévaloriser veut dire diminuer la valeur de quelqu'un ou de quelque chose. La dévalorisation de sa personne est reliée à des sentiments dépressifs. Ce n'est pas parce qu'on se déprécie ou qu'on se culpabilise à l'occasion qu'on est en dépression. C'est quand les sentiments de dépréciation personnelle sont constants ou persistants que la personne vit sur le mode dépressif. Elle a besoin de rehausser son estime d'elle-même.

Finalement, l'estime de soi est un équilibre dynamique et parfois fluctuant entre se surestimer et se sous-estimer. Par exemple, je vis un succès que j'espérais et pendant quelques heures je suis très fier de moi, je suis euphorique en me surestimant temporairement. Quelques heures plus tard, je subis un échec. Je suis déçu de moi, je me dévalorise et me sous-estime pendant un certain temps. Après cette période de déséquilibre, je me calme et je me remets en contact avec le souvenir de mes succès passés, je reprends conscience de mes forces et de mes qualités, je récupère l'estime de moi-même.

L'estime de soi suppose un jugement le plus réaliste possible sur soi-même. Quelqu'un qui se voit parfait en tout point n'a pas un jugement réaliste. Une personne n'a pas non plus un jugement réaliste quand elle ne se reconnaît aucune qualité ou compétence et qu'elle vit avec un sentiment de nullité.

Finalement, comment se manifeste l'estime de soi? C'est quand la personne est capable de se dire, de façon réaliste et honnête : « J'ai des qualités, des forces et des talents qui font que je m'attribue une valeur personnelle, cela fait partie de mon bagage, mais je fais face à des difficultés et je connais des limites dans certains domaines qui ne remettent pas en cause ma valeur personnelle. » L'estime de soi se modifie et s'enrichit au gré des expériences et au fil du développement de sa personnalité.

Quelques distinctions

Pour bien situer le lecteur, il me paraît important de préciser la signification de certaines expressions parsemées dans une multitude d'ouvrages en psychologie de l'enfant. Des expressions comme « concept de soi », « image de soi », « connaissance de soi » et « moi idéal » ont des liens sémantiques. Et il convient de préciser le sens propre à chacun pour bien distinguer ces différents concepts et comprendre la place de l'estime de soi dans le développement global de l'enfant.

En psychologie, on parle beaucoup du concept de soi, un terme générique qui englobe la connaissance de soi (image de soi), l'estime de soi et le moi idéal. Selon Paradis et Vitaro :

> « L'essence même du concept de soi consiste en une configuration organisée des perceptions admissibles à la conscience qu'a un individu de ses caractéristiques personnelles[13]. »

Lorsqu'ils parlent de configuration organisée, les auteurs réfèrent à une représentation mentale de l'ensemble des caractéristiques d'une personne, et que celle-ci peut percevoir et nommer : son apparence physique, ses qualités et ses défauts, ses traits de personnalité, ses compétences selon différents domaines, ses valeurs, sa situation sociale, etc. Le concept de soi regroupe toutes les descriptions conscientes que la personne fait d'elle-même. René L'Écuyer[14] associe le concept de soi au sentiment d'identité.

L'image de soi est une connaissance de ses caractéristiques personnelles. Cette image commence à se former très tôt chez l'enfant, dès l'apparition des représentations mentales. Par ses gestes et ses paroles, l'enfant provoque

---

13. PARADIS, R. et F. VITARO. « Définition et mesure du concept de soi chez les enfants en difficulté d'adaptation sociale : une recension critique des écrits ». *Revue canadienne de psycho-éducation* 1992 21(2) : 93-114.

14. L'ÉCUYER, R. *Le développement du concept de soi, de l'enfance à la vieillesse.* Montréal : Presses de l'Université de Montréal, 1994. 422 p.

de multiples représentations partielles de lui-même en tant qu'agent actif dans son environnement. Il sait qu'il est la cause de certains effets. C'est ainsi qu'il en arrive à une connaissance de lui-même qui s'intériorise et qui, durant l'adolescence, devient peu à peu une identité. La connaissance de soi doit être favorisée chez l'enfant comme préalable à l'estime de soi.

Le moi idéal représente ce qu'un enfant veut devenir par rapport à certaines des caractéristiques qui lui sont propres. Ce sont les idéaux de l'individu, ce qui représente ses valeurs et son idéal. Les valeurs que l'enfant adopte et les idées qu'il entretient sur ce qu'il veut être sont parfois transmises par ses parents ou par des adultes qui l'entourent et qui lui permettent de rêver. Cet idéal ou ces valeurs sont parfois représentés par une vedette ou un adulte qu'il admire. Cette tendance vers le moi idéal est un enjeu important durant l'adolescence.

L'estime de soi est influencée par la divergence entre la connaissance de soi et le moi idéal. L'enfant doit être capable de porter un jugement personnel en établissant une comparaison entre ce qu'il est et ce qu'il souhaite être. Chez les perfectionnistes, les idéaux sont trop élevés ou trop éloignés de leurs capacités. Ces personnes sont déçues d'elles-mêmes, elles en dégagent des sentiments d'échec qui réduisent leur estime d'elles-mêmes. L'estime de soi augmente chez l'enfant et l'adolescent quand il constate qu'il progresse vers l'atteinte de son idéal, de ses rêves.

Voici un tableau qui situe les termes autour de l'estime de soi :

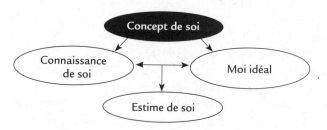

Pour conclure cette partie, soulignons que l'estime de soi réfère à un jugement porté par quelqu'un sur lui-même, à une évaluation globale que fait chacun de sa valeur personnelle.

Le concept de soi a trait à l'aspect descriptif de la personne, tandis que l'estime de soi est la dimension évaluative de la personne.

Un phénomène cyclique et variable comme la vie

L'estime de soi peut se développer à tout âge et elle varie selon les étapes de la vie. Cependant, les premières années revêtent une grande importance. Elles sont, en quelque sorte, le fondement psychique de l'être humain. Cela n'empêche pas que chaque autre étape de la vie comporte ses propres enjeux.

La conscience de la valeur personnelle est donc cyclique et variable. Pour illustrer cela, il suffit d'imaginer la situation suivante : une personne vit soudainement une épreuve, mais elle possède une bonne estime de soi du fait qu'elle vit des relations harmonieuses avec ses proches, qu'elle aime son travail par lequel elle se sent valorisée et qu'elle s'actualise dans ses diverses activités. Cette épreuve – une maladie, une perte d'emploi ou une séparation – a pour résultat de perturber temporairement son estime de soi. Mais c'est sur la base de sa bonne perception d'elle-même enracinée en elle qu'elle peut faire face à l'épreuve et s'adapter. Ayant conscience de ses ressources et de ses forces personnelles, elle les utilise pour sortir de l'ornière.

L'estime de soi s'enrichit des expériences vécues. Ainsi, grâce à la conscience de ses capacités et à l'utilisation de ses ressources, une personne crée des mécanismes d'adaptation qui lui permettent de gérer son stress et de surmonter une épreuve. La conscience et la satisfaction personnelle d'avoir relevé un défi augmentent l'estime de soi et créent de l'espoir pour l'avenir. L'estime de soi est la conscience acquise au fil des années de sa valeur personnelle ainsi que des forces, des qualités et des habiletés qui permettent à une personne de vivre en harmonie avec elle-même et avec les autres.

L'estime de soi constitue une base à partir de laquelle l'enfant ou l'adulte s'adapte aux vicissitudes de la vie. Elle constitue en quelque sorte un réservoir conscient de ses forces et des capacités qui lui permettent de s'adapter. Ainsi, il suffit de se souvenir d'une épreuve vécue dans le passé et d'identifier les forces qu'on a mobilisées en soi ou les ressources qu'on a utilisées pour surmonter cette épreuve et se réadapter. Si l'on parvient à les conscientiser, on se rend compte que les forces et les capacités dont on a fait preuve n'ont pas fondu comme neige au soleil. On peut les réutiliser dans d'autres circonstances ou pour relever d'autres défis de la vie.

Il faut donc comprendre que le développement de l'estime de soi est un grand facteur de prévention et de protection des difficultés d'apprentissage et d'adaptation chez l'enfant, et de maladie mentale chez l'adulte. On peut considérer l'estime de soi comme facteur de prévention primaire, c'est-à-dire pour prévenir l'incidence des difficultés auprès de toute population (école, classe d'élèves, ensemble d'individus).

Des recherches ont largement démontré les conséquences positives de la prévention primaire par le développement de l'estime de soi. On a également utilisé des programmes d'estime de soi comme base de prévention secondaire, c'est-à-dire pour prévenir la prévalence des problèmes d'adaptation ou d'apprentissage auprès de personnes déjà reconnues comme étant en difficulté. Ces programmes servent à prévenir l'intensité et la fréquence des désordres de l'apprentissage ou de l'adaptation. Par contre, il serait faux de prétendre qu'on peut développer l'estime de soi comme facteur de prévention tertiaire, c'est-à-dire pour prévenir la morbidité ou comme moyen de traitement. Une meilleure estime de soi ne ferait pas disparaître une carence relationnelle, des conflits intériorisés ou des problèmes frontaux. Néanmoins, si un enfant ou un adulte est plus conscient de sa valeur personnelle, il est plus disponible à se prendre en main et à utiliser des stratégies d'adaptation pour mieux vivre avec ses difficultés et avec son environnement. En somme, à être plus heureux malgré ses problèmes.

L'estime de soi est un élément de santé mentale. Elle constitue une réserve consciente de forces qui aident l'enfant à surmonter des épreuves et à gérer des stress, et c'est en ce sens qu'elle est un passeport pour la vie.

L'estime de soi de toute personne varie selon un plan vertical. Elle n'est pas la même à 20 ans qu'à 40 ans. Elle fluctue également selon un plan horizontal. En effet, comme l'estime de soi n'est pas du narcissisme pathologique, il est difficilement concevable qu'un individu puisse avoir une bonne estime de soi dans tous les domaines de sa vie. Personne n'est également motivé ni compétent dans tout ce qu'il entreprend. Le sentiment de la valeur personnelle varie donc selon le domaine auquel il se rapporte (corporel, social, artistique, scolaire, etc.). Il en est ainsi pour les enfants dont la motivation fluctue selon l'activité exercée. Par exemple, un enfant peut avoir une bonne estime de soi sur le plan des activités physiques parce qu'il s'y sent compétent, et ressentir une estime de soi plus faible dans ses relations sociales parce qu'il se sent maladroit avec les personnes qu'il côtoie. Le développement des enfants se fait en dents de scie et selon un rythme propre à chacun. Il en est de même pour toute personne et c'est pourquoi on parle d'un profil dysharmonique dans l'estime de soi.

Cette variation de l'estime de soi selon les domaines ou les activités qu'on entreprend s'explique surtout par l'importance relative qu'on accorde à chaque domaine en question. En ce sens, nous revenons à la fameuse formule de William James (1890) qui définit l'estime de soi par le produit de la cohésion entre ses aspirations et ses succès :

$$\text{Estime de soi} \;=\; \frac{\text{Succès remportés}}{\text{Aspirations ou prétentions}}$$

Plus un domaine est important ou valorisé à mes yeux, et plus j'y vis du succès ou je m'y réalise, plus grande sera l'estime de moi-même à ce niveau. Imaginons que je demande à une personne : « Y a-t-il un domaine de votre vie particulièrement important pour vous ? » La personne peut alors répondre : « C'est mon travail ». Je continue l'interrogatoire par cette question : « Est-ce que vous considérez que vous vivez du succès et que vous êtes valorisé dans votre travail ? » Si la personne est sincère et qu'elle répond « oui », on conclura qu'elle a une bonne estime d'elle-même dans ce domaine de sa vie. Dans le cas contraire, si elle répond « non », son estime d'elle-même sur ce plan est probablement faible ; elle devrait d'abord se demander si ses objectifs de travail sont réalistes et ensuite élaborer de meilleures stratégies de valorisation. Si aucun de ces scénarios n'est possible, la personne devrait sans doute quitter son emploi afin de protéger son estime d'elle-même.

Ainsi, notre propre estime est très influencée par nos aspirations, nos prétentions et l'importance que nous accordons à l'un ou l'autre des domaines de notre vie. Par exemple, j'ai joué trois fois au golf dans ma vie et cela n'a jamais été un succès. Mais sur ce plan, l'estime de moi-même n'a pas été affectée puisque je ne valorise pas tellement le golf. Je n'ai jamais trouvé passionnant de marcher longtemps à la poursuite d'une balle. Par contre, depuis mon enfance, je suis passionné par la pêche et j'ai de grandes ambitions sur ce plan. Si, à la suite d'un voyage de pêche, je reviens bredouille, l'estime de moi-même dans ce domaine sera réduite pendant un certain temps, surtout si j'ai promis à plusieurs personnes de leur apporter du poisson.

Pour un enfant, l'importance accordée aux activités est largement influencée par les valeurs, les attentes et les ambitions exprimées par les personnes qui l'entourent. Beaucoup d'enfants en viennent à juger de la valeur de leurs activités parce que leurs parents valorisent ces dernières. Cela est tout à fait normal dans le processus d'identification aux parents. Par exemple, il y a une minorité d'enfants qui vivent des difficultés d'apprentissage et des échecs à l'école et dont l'estime d'eux-mêmes n'est pas très affectée si leurs parents ne valorisent pas l'école, ne s'adonnent pas à des tâches intellectuelles comme la lecture et l'écriture, mais valorisent plutôt les sports. L'enfant qui, au contraire, vit régulièrement des échecs à l'école tout en ayant des parents qui accordent de l'importance à la réussite scolaire sera plus facilement perturbé dans sa propre estime sur le plan académique.

À partir de l'âge de 8 ans, selon Susan Harter[15], l'enfant est capable de dégager une valeur de soi en comparant deux dimensions : l'importance d'un champ de compétence, selon lui et les personnes qui comptent dans son entourage, et l'évaluation de soi dans ce champ de compétence. Si l'enfant constate ou juge qu'il y a peu ou pas d'écart entre ses réussites et le domaine qu'il valorise, il aura une meilleure estime de lui-même. Malheureusement, le contraire est tout aussi vrai. Si l'enfant se rend compte qu'il ne peut atteindre des objectifs qu'il valorise ou qui comptent pour son entourage, ou les deux à la fois, son estime de lui-même risque de diminuer. Il s'agit souvent du conflit entre la connaissance de soi et son moi idéal ou ce qu'on désire devenir. Ce problème est particulièrement présent à l'adolescence quand le jeune prend conscience du fossé entre ce qu'il connaît de lui et ce qu'il voudrait être. Il n'y a rien de plus triste qu'un jeune renonçant à ses idéaux, aux rêves qui donnent un sens à sa vie.

L'estime de soi, c'est la valeur positive qu'on se reconnaît globalement en tant qu'individu et dans chacun des domaines importants de sa vie. On peut avoir une bonne estime de soi comme travailleur, mais une image de soi très négative comme parent ou comme amant.

---

15. HARTER, S. *Op cit.*

Toute personne parvient à une haute estime d'elle-même quand elle atteint des succès qui sont égaux ou supérieurs à ses ambitions. Elle en retire une fierté personnelle ainsi que des sentiments d'efficacité et de compétence qui augmentent son estime d'elle-même. Pour qu'un enfant ressente du succès, il est très important qu'on lui propose des objectifs réalistes tout en ayant la certitude qu'il est capable de les atteindre. Ces objectifs réalistes deviennent des facteurs de protection de l'estime de soi.

Toute la vie, au gré de multiples expériences, l'estime de soi peut se modifier, augmenter ou diminuer temporairement. Les changements qui surviennent au cours des diverses étapes de la vie s'intègrent dans une continuité. Se dégage alors un sentiment d'unité et de cohérence intérieure.

L'estime de soi se développe selon un processus intégré et continu qui se poursuit au cours de toutes les phases du développement. En plus des besoins et des défis propres à chacune des phases, les apprentissages, des plus simples aux plus complexes, influencent grandement ce processus. Acquérir l'estime de soi consiste donc en un processus dynamique, intégré au développement, qui connaît des progressions subites et des régressions temporaires. L'estime de soi est cyclique, parfois instable et toujours variable, à l'image de la vie.

À la source de l'estime de soi

Quelle est la source première de l'estime de soi ? De nombreuses études et recherches affirment que l'estime de soi prend naissance dans une relation d'attachement. En effet, tout individu qui s'est senti aimé ou qui se sent encore aimé – même si ce n'est que par une seule personne – peut se dire qu'il est aimable et qu'il possède une valeur propre.

On ne naît pas avec une image de soi toute faite. Les enfants apprennent d'abord à se voir dans les yeux des personnes qui comptent pour eux: parents, frères et sœurs, enseignants et enseignantes et, enfin, camarades.

Plus l'enfant vieillit, plus ses amis occupent de place dans le développement de l'estime de lui-même. L'image de soi de l'enfant d'âge scolaire peut être positive ou négative. Les succès à l'école et dans les activités parascolaires, ainsi que les réactions de ses camarades, contribuent à modeler cette image.

La période de l'attachement est fondamentale dans le développement psychique de tout être humain. Elle constitue le noyau de base de l'estime de soi. Ce premier sentiment d'une valeur personnelle s'enrichit, par la suite, de réactions de l'entourage (*feedback*) qui confirment à l'individu ses forces, ses qualités et ses réussites.

Finalement, il est essentiel de souligner que tout individu – en particulier tout enfant – se sentira estimé s'il a une relation de qualité avec les personnes qui comptent pour lui, c'est-à-dire auxquelles il attache beaucoup d'importance. En effet, l'enfant appréciera, par ce type de relation, ses propres qualités et ses caractéristiques personnelles, indépendamment de son apparence ou de ses résultats. Amour et confiance constituent la nourriture psychique dans laquelle il puisera l'énergie lui permettant de mieux s'actualiser. L'être humain devient harmonieux et heureux lorsqu'il y a cohérence entre son « être » et son « paraître », et lorsqu'il est conscient de la valeur positive de ces deux dimensions de sa personne.

Qu'est-ce que tomber amoureux d'un bébé ? Il s'agit d'une expérience totale, viscérale, qui envahit le cœur et l'esprit. C'est comme un coup de foudre, ça n'a rien à voir avec la raison ou l'intelligence. Personnellement, je ne me doutais pas qu'être père était un contrat à vie. Même si mes deux enfants sont devenus adultes et qu'ils sont aujourd'hui autonomes, je m'inquiète parfois pour eux. Et je pense bien que je me ferai du souci tout le reste de ma vie. Non pas parce qu'ils sont dépendants et démunis, mais tout simplement parce que je leur suis attaché. Il est normal de s'inquiéter pour quelqu'un qu'on aime. Comme c'est le cas chez la plupart des parents, l'attachement que j'ai pour eux est inconditionnel. Et cela est une magnifique expérience de vie.

À l'arrivée du bébé, le parent entreprend un dialogue qui durera toute la vie. Ce dialogue permettra à l'enfant de définir d'abord son existence, et plus tard, son identité. C'est ce dialogue qui lui fera sentir qu'il mérite d'être aimé et respecté, tout simplement parce qu'il existe. Il mérite l'amour du parent, non pas parce qu'il a les cheveux blonds ou bouclés, parce qu'il sourit ou parce qu'il a de bonnes notes ou de bonnes manières. Le jeune enfant est heureux quand il sent qu'on l'aime tel qu'il est, avec ses bons et ses mauvais côtés. Quand un enfant se sent aimé totalement pour son être ou sa personne, il ressent quelque chose qui pourrait être traduit ainsi : « Si je suis aimé, ne serait-ce que par une seule personne, c'est que je suis aimable. J'ai donc une valeur comme individu. » Cette sensation d'être aimable, qui naît de se sentir aimé, c'est le noyau de l'estime de soi. Quand un enfant a la conviction de sa propre valeur ou quand il est convaincu qu'on l'aime pour lui-même, il sait qu'il pourra s'adapter aux divers événements de la vie, bons ou mauvais. La ration affective qu'il obtient de ses parents ou des gens qui prennent soin de lui constitue une réserve énergétique, un sentiment de confiance, où il puisera la force nécessaire pour faire face aux difficultés.

Nous jugeons de notre valeur par la façon dont nous sommes regardés et investis par les autres. Notre propre image commence à se définir dès le début de notre existence. La perception de nous-mêmes se forme par nos propres expériences et à partir de l'image que les personnes de notre entourage nous renvoient de nous-mêmes. Les autres nous transmettent leur perception par leurs attitudes, leurs commentaires et leurs renforcements, positifs et négatifs.

Le parcours des enfants vers l'estime de soi

Développer l'estime de soi chez les enfants, c'est précisément établir de bonnes relations avec eux, c'est aussi continuer à développer notre propre estime de nous-mêmes, ce dont nous avons parfois besoin !

Chaque personne se fait une idée de ce qu'elle est, chacun a une image de soi-même qui se construit au fil des années et qui n'est jamais définitive.

Le bébé apprend à connaître son corps d'abord dans la chaleur de sa relation avec ses parents et ensuite avec les gens qui prennent soin de lui, grâce aux caresses et aux baisers. Protégé, nourri et caressé, l'enfant se sent « bien dans sa peau » et confiant dans ses capacités d'habiter pleinement ce corps. Des émotions positives et négatives se greffent à cette expérience physique.

Vers 18 mois, l'enfant entre dans une autre période de sa vie : depuis un certain temps il bouge, il fouille, il court, mais dorénavant il veut aussi décider, choisir, s'affirmer. « Je suis capable », dit-il. Entre 2 et 3 ans, à l'apparition du langage compréhensible, il réclame son autonomie. Son estime de soi passe par la capacité des parents à le reconnaître comme individu, différent d'eux : l'enfant aussi a son mot à dire. La façon d'appliquer la discipline, d'écouter cet enfant et de l'encourager contribue à établir son image de soi : « Je suis beau ou belle, je suis un garçon ou une fille, je suis capable d'agir par moi-même, par ma propre volonté ! »

L'enfant grandit encore. Vers 3 ou 4 ans, le monde imaginaire prend de l'ampleur. Les images et les mots se bousculent dans sa tête. Apparaissent les peurs, les straté-gies de séduction et les manipulations. L'enfant veut être reconnu dans son identité sexuelle. Il désire se rapprocher du parent du sexe opposé et faire preuve d'initiative. Il fabule, réinvente la vie par le biais des jeux, des dessins. Il le fait de façon égocentrique parce qu'il n'a pas encore accès au raisonnement logique et qu'il ne peut se centrer sur deux choses à la fois. Cette période est critique pour l'estime de soi. L'enfant a besoin de se mettre de l'avant et il cherche à être valorisé, reconnu. Les paroles des parents, les gestes d'acceptation et de complicité ont un impact immédiat sur la connaissance de soi.

Quand il commence l'école, l'enfant franchit encore une autre étape. Vers 7 ou 8 ans, de nouvelles structures mentales l'amènent à réfléchir, à porter des jugements logiques et pratiques, à comprendre les règles des jeux, à coopérer en groupe et à vouloir apprendre des choses nouvelles. L'âge scolaire est également un âge important. L'image de soi, physique et sociale, s'enrichit de l'image de soi intellectuelle. Les exigences des parents, de l'école et de la société, les pressions pour la performance, le manque ou l'excès de stimulation atteignent l'estime de soi chez les enfants. De plus en plus de personnes portent des jugements sur lui (parents, amis, enseignants, éducateurs de toutes sortes...). Les paroles peuvent blesser et même, à la longue, tuer en dedans « le bon Jonathan » ou « la bonne Sophie ». Les gestes violents et la négligence font aussi un tort immense à l'estime de soi chez les enfants.

L'adolescence est peut-être le moment le plus important pour consolider une bonne estime de soi. Les changements corporels, les sautes d'humeur, la nécessité de prendre de la distance face aux parents et de trouver son identité propre mettent l'adolescent dans une situation de grande vulnérabilité. Malgré des contacts parfois difficiles, l'adolescent a besoin non pas de notre surprotection, mais plutôt de notre complicité à reconnaître sa valeur et à consolider son sentiment de fierté.

Les parents et les éducateurs doivent absolument tenir compte de la nécessité de développer une bonne estime de soi chez les enfants; de nombreuses recherches démontrent qu'elle est au cœur de la prévention de nombreux problèmes de la jeunesse: décrochage, difficultés d'apprentissage, délinquance, abus de drogue et d'alcool, suicide.

Avoir une bonne estime de soi ne signifie pas être gentil, mais bien avoir conscience de ses forces et de ses difficultés, et s'accepter soi-même dans ce qu'on a de plus personnel et de plus précieux. Cela signifie aussi prendre ses responsabilités, s'affirmer, savoir répondre à ses besoins, avoir des buts personnels et prendre les moyens pour les atteindre. Avoir une bonne estime de soi implique de l'intégrité personnelle et de la considération pour les autres.

Travailler à développer l'estime de soi des enfants, c'est avoir comme projet éducatif de leur permettre d'actualiser ce qu'ils ont de meilleur en eux. Imaginez ce que serait le monde de demain si nos enfants, devenus adultes, menaient leur vie dans le respect d'eux-mêmes et des autres, en considérant la nature et l'humanité comme un tout indissociable dont il faut prendre soin !

La qualité des relations

L'estime de soi est grandement subordonnée à la qualité des relations qu'un enfant tisse avec les personnes qui comptent pour lui et qu'on dit « significatives ». Ainsi, les propos favorables tenus par un adulte significatif contribuent grandement à l'existence d'une bonne estime de soi chez un enfant. À l'inverse, des propos ou des jugements négatifs peuvent détruire l'image que cet enfant a de lui-même. L'attachement, on le voit bien, est une arme à double tranchant.

Le fait que l'adulte ait ou non de l'importance aux yeux de l'enfant détermine la résonance et les répercussions qu'aura sur lui un jugement positif ou un commentaire désobligeant de cet adulte. La qualité des échanges relationnels influence beaucoup l'estime de soi, cette petite flamme qui fait briller le regard lorsqu'on est fier de soi-même. Or, cette flamme peut facilement vaciller et même s'éteindre si elle est exposée au vent mauvais des sarcasmes et des critiques !

Il ne suffit pas qu'un enfant connaisse de petites réussites pour acquérir, comme par magie, une bonne estime de soi. Il faut plus pour se percevoir de façon positive et durable.

C'est là que l'adulte entre en jeu, car il doit souligner les gestes positifs ou les succès de l'enfant, et faire en sorte qu'il en conserve le souvenir. En l'absence de réactions constructives, l'enfant ne peut pas prendre conscience de ses réussites ni les enregistrer dans sa mémoire. Pour qu'il en reste conscient, il faut raviver régulièrement le souvenir de ses réussites. L'estime de soi, en effet, fonctionne par la mémoire et grâce à elle.

Toute nouvelle connaissance ou tout nouvel apprentissage d'une habileté disparaît de la mémoire, à moins d'y revenir régulièrement. Il appartient à l'adulte d'amener souvent l'enfant à évoquer le souvenir de ses bons gestes et de ses petites réussites. De cette façon, cela reste imprégné dans sa conscience. L'évocation de ces bons souvenirs peut se faire de multiples façons, par la parole, par des écrits, par des dessins, par des photos, etc.

Ainsi, l'estime de soi est étroitement reliée à la qualité de la relation avec soi et avec les autres. Le sentiment de sa valeur personnelle apparaît très tôt durant l'enfance et contribue au développement d'une base stable qui influence la manière de s'adapter et de composer avec le succès, les erreurs et les échecs. La valeur que s'accorde une personne n'est pas non plus indépendante de l'estime portée aux gens de l'entourage et, réciproquement, de l'estime portée par l'entourage. L'enfant a besoin que sa propre estime soit validée par les personnes qui comptent à ses yeux : parents, amis, éducateurs et tout adulte significatif.

Comment se développe l'estime de soi

Nous voyons maintenant de façon plus précise comment se développe l'estime de soi. En premier lieu, elle dépend des réactions positives des gens ayant de l'importance aux yeux de l'enfant. Ces gens, en soulignant les réussites de l'enfant, le confirment dans sa valeur. La source de l'estime de soi est donc extérieure à l'enfant, ou extrinsèque.

Dans le développement de l'estime de soi, le plus important n'est pas le fait qu'un enfant fasse un geste positif, mais plutôt qu'il se le fasse dire. Par exemple : « Tu as prêté ton jouet à ton copain » ou « Tu as aidé papa à mettre la table ». Il est important que le parent souligne le geste positif en montrant qu'il en est fier. C'est par de telles réactions que l'enfant s'aperçoit qu'il a fait un bon geste. Sans ces réactions, l'enfant n'en serait pas conscient. L'estime de soi s'établit par le processus de conscientisation et celle-ci apparaît par des réactions verbales positives. Les paroles conscientisent la valeur, elles la confirment, elles rassurent l'enfant et lui donnent de l'espoir.

Il est souhaitable que, de temps en temps, le parent répète à l'enfant les bons gestes faits dans le passé pour que ceux-ci restent présents à sa mémoire.

Grâce à ces réactions, l'enfant prend conscience que ses gestes, ses paroles et son comportement en général ont de la valeur aux yeux des personnes qu'il aime ou apprécie. L'enfant apprend également à se connaître quand les adultes de son entourage soulignent ses difficultés ou les défis qu'il doit relever. À partir de 7 ou 8 ans, cette connaissance de soi devient l'assise de l'estime de soi.

Soulignons que le fait de développer l'estime de soi chez un enfant ne se résume pas à lui faire des compliments comme « tu es beau » ou « tu es gentil ». Bien sûr, ces expressions affectueuses ne nuisent pas, elles peuvent faire plaisir à l'enfant, s'il en comprend le sens. Cependant, ce qui favorise davantage le développement de l'estime de soi, c'est le fait de traduire en paroles des gestes ou des succès concrets. L'enfant n'est pas nécessairement conscient de la valeur de ses gestes ou de ses paroles, et il arrive souvent que le parent omette ou néglige de le lui signifier, même quand l'enfant a beaucoup de valeur à ses yeux.

Le jeune enfant, en particulier, ajuste ses attitudes, ses gestes et ses paroles en fonction du regard posé sur lui par ceux et celles qui l'entourent. D'où l'importance du regard positif inconditionnel de la part du parent. C'est l'expression stable d'estime pour la valeur de son enfant, mais pas nécessairement l'acceptation de tous ses comportements. Dans cet attachement inconditionnel, le parent doit absolument dissocier l'acte de la personne. Il est souhaitable qu'il manifeste sa réprobation face à un comportement inadéquat de son enfant, mais que celui-ci sente que cela ne remet pas en cause sa valeur personnelle et que sont préservés l'amour et l'estime du parent pour ce qu'il est, même si certains de ses comportements sont déviants.

Un facteur qui nuit significativement au développement de l'estime de soi chez l'enfant est le regard positif conditionnel que le parent pose sur lui. C'est là un jugement de valeur sur l'enfant en fonction de l'acceptabilité de l'un ou l'autre de ses comportements. L'enfant perçoit alors qu'il n'a de valeur que s'il adopte un comportement précis ou s'il apprend ce qui est dicté. Tout enfant veut être aimé et apprécié et, pour combler ce désir légitime, il se sent parfois obligé de se conformer à un modèle qui n'est pas le sien ou de réussir quelque chose de particulier. Cela prend souvent la forme d'un chantage affectif plus ou moins subtil, génère de l'inhibition chez l'enfant et le prive de la possibilité de s'affirmer vraiment.

Au contraire, en recevant régulièrement des réactions positives, l'enfant intériorise peu à peu une bonne estime de lui-même, qui devient intrinsèque en étant nourrie par un monologue intérieur, c'est-à-dire une conversation qu'il entretient avec lui-même et dont le contenu est soit positif, soit négatif.

Vers l'âge de 7 ou 8 ans, avec l'apparition de la pensée opératoire et de la pensée logique, l'enfant est capable d'établir son propre jugement face à lui-même. Les réactions de son entourage nourrissent ses jugements et son monologue intérieur, ce qui favorise ou réduit sa propre estime. L'enfant est alors capable de se juger par des adjectifs qualificatifs (créateur, généreux) en les appuyant d'actions concrètes et conscientes.

L'apparition de la pensée logique et d'une capacité de classification permet à l'enfant de récupérer le souvenir de ses gestes positifs et de les classer logiquement en tant que qualités. Par exemple, si je dis à un enfant qu'il est débrouillard, il est possible que ce jugement n'ait aucun sens pour lui. Cela ne favorise donc pas l'estime de lui-même. Par contre, si je lui relate une série d'actions qui témoignent de sa débrouillardise, l'enfant peut les regrouper logiquement et en conclure qu'effectivement, il est débrouillard. Par exemple : « L'autre jour, la toilette débordait et tu as trouvé la solution, tu as fermé la valve ». Par la suite : « Une autre fois, tu es arrivé à la maison et tes parents n'étaient pas encore là, alors la porte était fermée à clé, mais tu es allé chercher la clé chez le voisin ». Pour conclure enfin : « Je me souviens aussi que tu avais oublié un livre à l'école et que tu as téléphoné à un ami pour te dépanner ». Grâce à de tels témoignages, le jugement qu'on pose sur l'enfant ou qu'il entretient dans son monologue intérieur n'est pas arbitraire et gratuit. Un adjectif qualificatif qui rehausse l'estime de soi doit être une classification de gestes, de paroles, de comportements ou de caractéristiques singulières.

Pour évaluer la qualité de sa propre estime de soi, il faut prendre conscience des jugements qu'on porte sur soi-même dans ses monologues intérieurs. Si un jugement est positif, on nourrit soi-même sa propre estime. Quand une épreuve survient ou quand on subit un échec, notre estime de soi peut être ébranlée jusqu'à ce qu'un monologue intérieur positif la ravive et la nourrisse.

Des auteurs[16] déterminent trois composantes permettant d'évaluer la qualité de l'estime de soi chez une personne :

16. MONBOURQUETTE, J., M. LADOUCEUR et J. DESJARDINS-PROULX. *Op. cit.*

- Le regard qu'elle pose sur elle-même (son « être ») et sur son agir (son « paraître »).

  Donc, *se voir*.

- Le dialogue intérieur qu'elle entretient sur elle-même touchant son être et ses résultats.

  Donc, *s'entendre*.

- Les sentiments qu'elle vit par rapport à elle-même et aux fruits de son action.

  Donc, *s'aimer*.

On ne peut prétendre amener un enfant à une auto-évaluation aussi systématique de la qualité de son estime de soi. Par contre, les adultes peuvent accompagner l'enfant dans cette tâche et l'aider à se voir pour que, vers 7 ou 8 ans, il ait une perception plus critique ou objective de lui-même, et qu'il soit en contact avec son monologue intérieur. Ce monologue consiste pour l'enfant à entendre les jugements intérieurs portés sur lui-même et sur son rendement afin d'apprécier davantage sa valeur personnelle.

Pour vivre des succès

Nous avons tous nos façons particulières et uniques de nous voir et de voir le monde ; ce sont nos cadres de référence personnels, plus ou moins subjectifs. Il est impossible qu'une personne ait un jugement purement objectif de sa valeur. Une bonne estime de soi suppose une perception la plus réaliste possible de soi-même. Il est normal que chacun utilise différentes dimensions pour se définir et que chacun se juge selon des valeurs distinctes. Pour l'un, ce sera décence-indécence (être), pour l'autre ce sera succès-échec (paraître et rendement).

Ces cadres de référence personnels ont été soit transmis par les adultes significatifs, soit intégrés par l'enfant ou l'adolescent dans la poursuite de son moi idéal (ce qu'il veut être), ou ces deux facteurs à la fois.

L'atteinte d'un objectif d'apprentissage est toujours valo-risante et sert à développer l'estime de soi. La perception du succès varie toutefois d'une personne à l'autre. Elle est pour une bonne part subjective, en ce sens qu'elle est tributaire des attentes, des ambitions, des valeurs et du degré de perfectionnisme de chacun.

Deux catégories d'individus éprouvent davantage de difficultés à nourrir une bonne estime d'eux-mêmes. La première regroupe les enfants, les adolescents et les adultes qui connaissent régulièrement des échecs et qui sont fréquemment insatisfaits d'eux-mêmes. L'autre catégorie est celle des personnes trop ambitieuses et perfectionnistes qui atteignent des objectifs dont ils sous-évaluent l'impor-tance; leurs ambitions sont très élevées et elles ne peuvent jamais les réaliser. Les perfectionnistes, en particulier, n'acceptent aucune erreur et tout ce qu'ils entreprennent doit être parfait. Ces personnes trop exigeantes profitent rarement de leurs succès et éprouvent souvent un sentiment d'insatisfaction face à elles-mêmes.

L'estime de soi se nourrit des succès qu'une personne connaît au cours de ses activités. Nul ne peut s'actualiser ni se développer en accumulant des échecs. Toutefois, il importe pour la personne de tirer de chaque échec une leçon ou un enseignement afin de se rassurer quelque peu sur sa valeur personnelle. Mais le souvenir de l'échec restera presque toujours présent.

En ce qui concerne l'erreur, on peut dire qu'elle est source d'actualisation et de développement personnel. Elle permet un ajustement ou une modification de la pensée et des actions dans la poursuite d'un objectif. Somme toute, l'erreur est au service de l'adaptation. Aussi ne faut-il pas la confondre avec l'échec. L'erreur fait partie du processus normal de l'apprentissage, tandis que l'échec est un résul-tat négatif qui consiste en la non-atteinte d'un objectif d'apprentissage.

Il a été largement démontré que l'estime de soi est à la base de la motivation. En ce sens, un enfant ne peut espérer atteindre un objectif ni obtenir du succès s'il n'a pas la conscience de sa valeur personnelle. Autrement dit, l'enfant, pour connaître du succès, doit s'appuyer sur le souvenir de ses succès passés ; c'est à cette condition qu'il sera capable d'anticiper avec réalisme la possibilité de vivre un autre succès. Cependant, le souvenir de ses succès ne lui vient que si l'adulte les lui a soulignés au fur et à mesure ; l'adulte doit également avoir pris soin de réactiver fréquemment ce souvenir, tout en proposant de nouveaux défis ou de nouveaux apprentissages. L'enfant puise dans cette mémoire l'énergie et l'espérance nécessaires pour persévérer dans ses efforts. En vivant des succès, il acquiert une fierté personnelle qui alimente son estime de soi. C'est le cycle dynamique de l'apprentissage, dont l'estime de soi constitue l'assise essentielle.

Un héritage précieux

> « *Nul ne peut être heureux s'il ne jouit*
> *de sa propre estime.* »
> Jean-Jacques Rousseau

Il est important de situer l'estime de soi dans une perspective de développement. Si l'on se réfère à la pyramide des besoins universels décrits par Abraham Maslow[17], l'estime de soi vient en quatrième place dans la hiérarchie des besoins.

À un premier niveau, on retrouve les besoins vitaux ou de survie (être nourri, logé et habillé convenablement). Si l'on veut aider un enfant à développer son estime de soi, il faut d'abord s'assurer que ces premiers besoins sont satisfaits.

---

17. MASLOW, A.H. *Vers une psychologie de l'être.* Paris : Fayard, 1972. 267 p.

À un second niveau, il faut voir à ce que cet enfant vive dans un état de sécurité physique et psychologique qui lui permette d'intégrer une attitude de confiance par rapport à lui-même et aux autres.

Le troisième niveau de la pyramide des besoins de Maslow est constitué des relations d'attachement et d'amour stables avec une ou des personnes significatives de l'entourage ; ces relations sont en quelque sorte la nourriture psychique de l'être humain. Il faut donc évaluer si l'enfant fait partie d'un réseau relationnel ou social auquel il peut se référer pour vivre un sentiment d'appartenance. Ce n'est que lorsque ces trois niveaux de besoins sont comblés, au moins en grande partie, que la personne est en position de développer l'estime d'elle-même. Toute tentative pour développer ce sentiment sans que soient adéquatement comblés les besoins fondamentaux (besoins vitaux, besoins de sécurité physique et psychologique, besoins de relations d'attachement et d'amour) ne peut qu'aboutir à un résultat précaire ou s'avérer tout simplement inefficace.

Toutefois, on peut affirmer que l'estime de soi se bâtit à tout âge. Il est donc capital d'encourager la formation d'images positives chez les enfants et de veiller à l'émergence de la conscience d'une valeur personnelle. En favorisant l'estime de soi chez les enfants, on investit dans la prévention des difficultés d'adaptation et d'apprentissage et dans l'embellissement de leur vie.

Si l'enfant est persuadé que les personnes de son entourage attachent de l'importance à ce qu'il est et lui accordent de la valeur, il intégrera peu à peu une image de soi positive, il s'estimera davantage et sera fier de lui. Plus tard, il pourra puiser dans ce précieux trésor pour se donner de l'espoir et surmonter les difficultés qu'il ne manquera pas de rencontrer.

En 1997, Jacques Fafard a écrit un très bel article proposant une synthèse des connaissances relatives à l'estime de soi, qu'il termine par cette déclaration :

« L'estime de soi, tout au long de notre existence, participe à façonner notre destin en tant qu'être humain. Prendre conscience de son impact au quotidien sur soi et sur les autres, c'est déjà se donner plus de pouvoir sur le sens que l'on veut donner à sa propre vie[18]. »

En effet, l'estime de soi est un processus de reconnaissance des forces vitales qu'une personne utilise pour créer des mécanismes d'adaptation et gérer les stress inévitables de la vie. C'est la prise de conscience de ses forces qui amène toute personne à se donner la permission de rêver, à se fixer des objectifs réalistes et à entretenir l'espoir de les atteindre.

Les composantes de l'estime de soi

L'estime de soi est faite de quatre composantes : le sentiment de sécurité et de confiance, la connaissance de soi, le sentiment d'appartenance à un groupe et le sentiment de compétence. Le sentiment de sécurité et de confiance est un préalable à l'estime de soi. En effet, il faut d'abord le ressentir et le vivre pour être disponible et apprendre ce qui est nécessaire pour nourrir l'estime de soi. Il en va autrement des trois autres composantes. On peut stimuler la connaissance de soi, le sentiment d'appartenance et le sentiment de compétence à chaque stade du développement, à chaque période de la vie, par des attitudes éducatives adéquates et des moyens concrets. Il faut donc accorder une importance toute spéciale à la sécurité et à la confiance. Nous décrivons les quatre composantes de l'estime de soi dans les chapitres qui suivent.

---

18. FAFARD, J. « L'estime de soi et l'intervention ». *Revue Défi Jeunesse* 1997 4(2).

Estime de soi, amour-propre et affirmation de soi

Quels rapports y a-t-il entre « estime de soi » et « amour-propre » ? En général, on définit l'amour-propre comme un sentiment vif de sa dignité et de sa valeur personnelle, qui fait qu'un être souffre d'être mésestimé et qu'il désire s'imposer à l'estime d'autrui. On constate rapidement que les liens sont étroits entre les deux termes et que la différence réside dans la distinction entre « aimer » et « estimer ».

À cet effet, soulignons qu'on peut estimer quelqu'un sans nécessairement l'aimer. En effet, on peut reconnaître des qualités et des compétences à un individu que l'on observe en dehors de son environnement immédiat – un personnage public ou politique par exemple – sans l'aimer en tant que personne, simplement parce qu'on n'a pas établi de relation personnelle avec lui. Mais l'inverse n'est pas vrai : on ne peut aimer une personne sans l'estimer, c'est-à-dire sans lui attribuer une valeur personnelle et intrinsèque. Dans une relation d'amour et d'attachement, il est important qu'on apprécie, admire et estime les qualités, les compétences et les attitudes de la personne aimée.

Par cette comparaison entre « amour-propre » et « estime de soi », on se rend compte qu'un individu ne peut s'aimer lui-même sans s'estimer, c'est-à-dire sans s'attribuer une valeur personnelle. Et nous avons vu précédemment que la première conscience de cette valeur vient du sentiment d'être aimable et aimé pour nos caractéristiques personnelles (qualités, forces, façon d'être, identité unique). L'amour-propre se situe dans l'« être », dans sa dignité personnelle. Il constitue en quelque sorte la dimension affective de l'estime de soi.

Des auteurs établissent un lien de continuité fonctionnelle entre l'« estime de soi » et l'« affirmation de soi ». Ils mentionnent que « l'estime de soi résulte de l'activité mentale sur soi-même, tandis que l'affirmation de soi est l'expression de cette activité sur son entourage[19] ». Au départ, cette activité mentale sur soi-même dépend, surtout chez l'enfant, des réactions des personnes significatives ; mais elle se nourrit ensuite du monologue intérieur positif par rapport à l'image de soi. Ces auteurs ajoutent :

« La personne jouissant d'une haute estime d'elle-même sera très consciente de sa dignité personnelle, s'appréciera dans toutes les dimensions de son être et, en conséquence, saura se faire respecter. Dans l'action, elle courra plus de risques intelligents et elle persévérera dans la poursuite de ses projets et les mènera à terme[20]. »

Quant aux personnes passives ou qui adoptent des comportements de victimes impuissantes face aux événements de la vie ou aux personnes inhibées, elles sont incapables de se faire respecter ou de s'affirmer à cause d'une faible estime d'elles-mêmes ou parce qu'elles souffrent de blocages psychologiques inconscients.

Toutefois, il faut souligner le fait que l'affirmation de soi se manifeste par diverses formes d'expression (verbales, écrites, manuelles, intellectuelles, corporelles, artistiques) choisies librement par la personne selon son identité et son style unique et personnel. En somme, l'affirmation de soi est le prolongement et la manifestation concrète de l'estime de soi. L'affirmation de soi est en quelque sorte l'estime de soi en action.

Les attitudes et les habiletés des enfants qui ont une bonne vision d'eux-mêmes

Les enfants qui ont une bonne vision d'eux-mêmes adoptent les attitudes et les habiletés suivantes :

- Sécurité et détente ;
- Sentiment général de bien-être ;
- Sentiment de confiance face aux adultes ;
- Capacité de se souvenir de leurs succès ;
- Capacité de percevoir leurs qualités et leurs habiletés ;
- Sentiment de confiance face à leurs propres capacités ;
- Capacité de faire face à des événements nouveaux ;
- Motivation face aux nouveaux défis ou apprentissages ;
- Persévérance face aux difficultés ;
- Capacité de percevoir leurs différences ;
- Capacité de percevoir et d'accepter les différences des autres ;
- Capacité de se faire respecter ;
- Capacité d'affirmation personnelle et d'autonomie ;

19. MONBOURQUETTE, J., M. LADOUCEUR et J. DESJARDINS-PROULX. *Op. cit.*
20. *Ibid.*

- Capacité d'initiative ;
- Capacité d'imagination et de créativité ;
- Capacité de régler pacifiquement des conflits sociaux ;
- Capacité de coopération ;
- Sentiment de bien-être dans un groupe.

Les enfants ne peuvent vivre simultanément tous ces sentiments et manifester toutes ces attitudes et toutes ces habiletés. Toutefois, en favorisant chez eux une bonne estime de soi, ils en viennent plus sûrement à vivre ces sentiments et à intégrer ces attitudes et ces habiletés.

LES ATTITUDES PARENTALES FAVORABLES ET DÉFAVORABLES À L'ESTIME DE SOI	
Attitudes favorables	Attitudes défavorables
· Être présent de façon chaleureuse auprès de l'enfant.	· Ne pas être présent physiquement sur une base régulière. · Ne pas offrir une présence psychologique stable.
· Être fiable dans les réponses à ses besoins.	· Négliger de répondre aux besoins de l'enfant.
· Lui exprimer son amour inconditionnel.	· Avoir des attentes irréalistes. · Avoir des attentes conditionnelles à l'attachement.
· Souligner et valoriser ses succès d'importance.	· Ignorer ses succès ou ne pas leur accorder d'importance.
· Souligner ses difficultés en ménageant sa fierté et en lui donnant les moyens de s'améliorer.	· Blâmer l'enfant pour ses maladresses.
· Lui offrir un cadre de vie stable dans le temps et dans l'espace.	· Ne pas offrir un mode de vie constant.
· Établir des règles de conduite sécurisantes et claires.	· Ne pas établir de règles de conduite ou être inconstant dans l'application des règles.
· Être constant dans l'application des règles de conduite.	· Changer constamment d'humeur dans l'application des règles de conduite.

· Être ferme par rapport à certaines valeurs importantes et être souples sur d'autres points.	· Se montrer rigide ou trop permissif.
· Imposer des conséquences logiques et naturelles aux manquements.	· Imposer des conséquences trop sévères ou non reliées aux manquements ou ignorer les manquements.
· Réduire les facteurs de stress pour l'enfant en le préparant aux changements, en minimisant leur nombre et en aidant l'enfant à trouver des façons de se calmer quand il est stressé.	· Manifester du stress de façon évidente. · Surévaluer les capacités.
· Être un adulte en qui on peut avoir confiance.	· Manquer d'accueil et de disponibilité.
· Réactiver le souvenir de ses succès passés.	· Ignorer les succès de l'enfant ou ne pas leur accorder d'importance.
· Souligner les forces de l'enfant.	· Mettre l'accent sur les difficultés plutôt que sur les forces de l'enfant.
· Soutenir l'enfant face aux difficultés.	· Surprotéger l'enfant.
· L'encourager à trouver des solutions aux problèmes.	· Trouver des solutions à sa place.
· Utiliser un langage positif et valorisant.	· Utiliser à son égard des mots qui blessent. · Humilier et utiliser des sarcasmes.
· Favoriser l'expression de ses sentiments et émotions.	· Réprimer l'expression des sentiments et des besoins ou ne pas leur accorder d'importance.
· Permettre une ouverture aux autres.	· Trop contrôler ses rapports sociaux.
· Encourager les gestes de générosité et de coopération.	· Susciter l'individualisme et la compétition.

· Encourager l'enfant à se faire des amis et à gérer lui-même les conflits.	· Régler les conflits à la place de l'enfant.
· Lui confier des responsabilités adaptées à son niveau.	· Avoir des attentes trop grandes ou pas assez importantes.
· L'encourager à faire des choix et à développer son autonomie.	· Le maintenir dans la dépendance et le contrôler de façon excessive.
· Encourager sa créativité.	· Ignorer ou ne pas accorder d'importance à sa créativité.
· Valoriser ses initiatives.	· Ignorer ses initiatives ou ne pas leur accorder d'importance.
· Respecter les motivations de l'enfant.	· Imposer ses propres motivations.
· Respecter le rythme développemental de l'enfant.	· Imposer des apprentissages précoces.
· Accorder plus d'importance à la démarche d'apprentissage qu'à ses résultats.	· Centrer l'attention uniquement sur les résultats.
· Accorder le droit à l'erreur.	· Imposer le perfectionnisme de l'adulte et blâmer l'enfant pour ses erreurs.
· Dédramatiser les erreurs.	· Imposer le perfectionnisme de l'adulte.
· S'amuser avec son enfant.	· Ne pas se rendre disponible à son enfant. · Faire avec lui uniquement des activités axées sur les résultats ou la compétition.

CHAPITRE 2

Favoriser un sentiment de sécurité et de confiance

Éduquer un enfant, c'est remplir deux tâches éducatives fondamentales : d'une part, répondre à ses besoins de développement et, d'autre part, lui transmettre des valeurs.

La transmission des valeurs à l'enfant (respect de soi, respect de l'autre, honnêteté, etc.) se réalise essentiellement par l'identification aux valeurs vécues par les adultes qui comptent pour lui et par des règles de conduite sécurisantes. Lorsque l'enfant se sent aimé par des adultes qui répondent adéquatement à ses besoins, il peut faire siennes les valeurs vécues et témoignées par ces adultes significatifs. C'est aussi à cette condition qu'il peut comprendre et accepter les valeurs transmises par les règles de conduite. La transmission des valeurs et l'estime de soi sont véhiculées dans une relation d'amour que l'enfant tisse avec un ou plusieurs adultes.

Mise à part la nécessité de transmettre des valeurs à l'enfant, la tâche principale de tout parent ou de tout éducateur consiste à répondre adéquatement aux besoins liés à son développement, c'est-à-dire aux besoins de survie, de sécurité, d'amour, d'attachement, d'affirmation, d'autonomie, d'apprentissage, etc. En ne satisfaisant pas ces besoins, le parent néglige son enfant dont le développement et l'avenir risquent fort d'être hypothéqués.

Parmi ces besoins de base, tels que décrits par Abraham Maslow[1], la sécurité physique et psychologique vient en deuxième place quant à son importance. Même une fois adultes, nous ressentons un besoin de sécurité. À plus forte raison l'enfant! Beaucoup d'adultes sont plus rassurés et détendus en se garantissant une sécurité extérieure ou exogène par un certain contrôle ou maîtrise de leur environnement : milieu rassurant, temps et espace stables, prévisibilité de la plupart des événements, etc. Tout changement non prévu dans leur régime de vie génère de l'insécurité et du stress, plus ou moins intenses selon les personnes. Tout individu s'adapte plus facilement aux divers événements de la vie ou à la nouveauté s'il a acquis une sécurité intérieure ou endogène. Celle-ci est favorisée quand la personne est consciente de ses capacités adaptatives, de ses ressources personnelles, et qu'elle sait qu'elle peut aller chercher du soutien en cas de besoin.

Le besoin de sécurité est ressenti également par les adultes, chez qui il s'exprime de différentes façons. Ainsi, on peut ne pas aimer son métier, mais continuer quand même de l'exercer par besoin de sécurité. On peut aussi souhaiter ardemment une permanence d'emploi ou accepter de réprimer ses rêves et ses ambitions véritables pour combler un besoin de sécurité.

Je me souviens d'un voisin chirurgien-dentiste. Un jour, il me dit : « Je suis très fatigué de travailler dans la bouche des gens. Le lundi matin, juste à penser au travail qui m'attend, j'en ai mal au cœur. » Pourtant, il a continué à exercer sa profession, par besoin de sécurité. J'ai aussi connu quelques enseignantes qui n'aimaient plus enseigner et qui subissaient leur travail. Elles comptaient le nombre d'années et de mois avant leur retraite. Elles continuaient d'œuvrer quand même dans l'enseignement par besoin de sécurité. Heureusement, ces enseignantes sont une petite minorité parmi toutes celles que j'ai connues.

---

1. MASLOW, A. *Vers une psychologie de l'être.* Paris : Fayard, 1972. 267 p.

Le sentiment de sécurité constitue un besoin légitime et normal chez tout être humain, mais il varie d'une personne à l'autre et il peut également varier chez le même individu selon les divers événements ou périodes de sa vie.

Le sentiment de sécurité préalable à l'estime de soi

Si ce besoin de sécurité compte chez l'adulte, il est encore plus fondamental chez l'enfant. Le bébé humain est, parmi les mammifères, celui qui dépend le plus de son entourage, notamment quant à sa sécurité physique et psychologique.

Avant de prétendre développer l'estime de soi chez les enfants, il faut s'assurer qu'au préalable leurs besoins élémentaires ont été comblés, du moins en bonne partie. En 1992, nous avions décidé d'implanter un programme visant le développement de l'estime de soi dans une école d'un milieu très défavorisé. Je me souviens que nous avions dû modifier les orientations de ce programme parce que, chez la majorité de ces enfants, les besoins de base n'étaient même pas satisfaits. Plusieurs d'entre eux n'avaient pas mangé avant de venir à l'école, d'autres n'avaient pas de bottes ou avaient des vêtements d'été en plein hiver. Je me souviens d'un garçon qui avait l'air épuisé en arrivant le matin. Je l'ai questionné sur la raison de sa fatigue. Il m'a répondu d'un air abattu et résigné : « Je n'ai pas beaucoup dormi parce que ma mère s'est fait battre par mon père et elle a pleuré toute la nuit. »

Comment aspirer à développer l'estime de soi chez des enfants qui voient qu'on ne s'occupe pas d'eux, qui se rendent compte qu'on ne les protège pas ?

Il est important de souligner que le sentiment de sécurité ne fait pas partie intégrante de l'estime de soi. Il est un préalable. Il faut s'assurer que les besoins de survie et de sécurité ont été comblés en bonne partie avant de vouloir faire prendre conscience à ces enfants qu'ils ont une valeur personnelle. Par contre, il faut croire fermement que, dans

des conditions de privation, un enfant peut découvrir qu'il
a une valeur intrinsèque s'il a, avec un adulte, une relation
significative teintée d'accueil, d'acceptation et d'amour, que
ce soit à l'école, dans son milieu de garde ou dans sa famille.

Qu'est-ce que le sentiment de sécurité? Voici la définition
de Robert W. Reasonner, un concepteur de programmes
d'estime de soi et un grand promoteur de ce concept aux
États-Unis :

> « Le sentiment de sécurité signifie comprendre les
> limites, connaître les attentes et se sentir confortable
> et en sûreté. C'est un préalable pour une estime de soi
> positive. L'enfant doit avoir un sentiment de sécurité
> avant de pouvoir se percevoir de façon réaliste et
> prendre des initiatives[2]. »

Cet auteur évoque surtout la sécurité psychologique,
mais sa définition accorde implicitement de l'importance
à l'aspect physique quand il dit que l'enfant doit se sentir
en « sûreté ».

Tout enseignant doit savoir qu'il faut avant tout sécuriser
ses élèves afin de les rendre disponibles à l'apprentissage et
qu'ils vivent de bonnes relations avec les autres. Si un enfant
ne se sent pas en sécurité (physique ou psychologique), son
énergie est mobilisée pour se prémunir contre des dangers
réels ou potentiels, ou pour réduire ses inquiétudes. Par
exemple, l'enfant est inquiet en classe s'il s'interroge de la
sorte : « Qui viendra me chercher à l'école ce soir ? Est-ce
maman ou papa ? C'est peut-être l'ami de maman, elle me
l'a peut-être dit et je ne m'en souviens pas. » L'enfant n'est
pas disponible à la vie de la classe s'il est inquiet et se dit :
« Lorsque je reviendrai à la maison, est-ce que le monsieur
qui était si méchant hier sera encore là ? »

Plus un enfant est jeune, plus son sentiment de sécurité
dépend des attitudes des adultes qui l'entourent. Un adulte

---

2. REASONER, R.W. *Building Self-Esteem*. Santa Cruz : Educational and Training
   Services, 1982.

peut difficilement transmettre un sentiment de sécurité à un enfant s'il souffre lui-même d'insécurité. Qu'il soit parent ou éducateur, il lui faut d'abord apprendre à gérer l'insécurité qui cause son stress et à prendre confiance s'il veut transmettre cette assurance à l'enfant. La sécurité, c'est contagieux ! Tout comme l'insécurité d'ailleurs.

Ainsi, l'adulte doit vivre le plus possible dans de bonnes conditions de vie ou prendre des moyens concrets pour se rassurer. En d'autres termes, nous pouvons dire qu'il doit d'abord s'occuper de lui-même pour que l'enfant en profite.

Protéger un enfant, c'est adopter des attitudes éducatives et aménager des conditions de vie susceptibles de répondre à ses besoins de développement. En se soustrayant à cette responsabilité, le parent fait preuve de négligence. Le fait de surprotéger l'enfant ou de faire les choses à sa place ne favorise pas non plus son développement ; cela le maintient plutôt dans un état de dépendance. Cette attitude sur-protectrice nuit à l'estime de soi de l'enfant, qui y voit la confirmation de son incapacité à faire les choses lui-même.

Des recherches ont démontré que les enfants qui se sentent en sécurité dans leurs relations avec des adultes significatifs sont plus indépendants, réagissent mieux aux séparations et ont une meilleure estime d'eux-mêmes. Un enfant ne peut adopter une attitude de confiance s'il n'est pas sécurisé au préalable, tant sur le plan psychologique que physique. L'enfant qui souffre d'insécurité est inquiet dans ses relations ; de plus, il est peu disponible pour apprendre.

Le sentiment de sécurité physique

Toute personne, enfant ou adulte, doit d'abord ressentir une sécurité exogène (ou extérieure). Celle-ci se change progressivement en sécurité endogène (ou intérieure) et se transforme avec le temps en attitude de confiance face aux autres et à soi-même. Finalement, c'est à partir de cette attitude de sécurité et de confiance que la personne peut se permettre d'envisager l'avenir avec espoir, ce qui lui donne le goût de prendre des initiatives et de relever des défis.

Mais quelles sont les bases éducatives nécessaires pour que l'enfant ressente une sécurité exogène et comment les établir ? Avant tout, il faut que le milieu éducatif (maison, milieu de garde, école) soit organisé de manière à satisfaire ce besoin et qu'il garantisse la sécurité physique de l'enfant.

Tous les parents savent qu'il est nécessaire pour l'enfant d'être en sécurité sur le plan physique. Quand ils choisissent un milieu éducatif, ils se préoccupent d'abord de cet aspect; ils s'assurent, par exemple, que la surveillance sera adéquate et qu'il n'y aura pas de danger de blessure physique ou de maladie. Instinctivement, ils veulent garantir la sécurité physique de leur enfant. Pour cela, le parent ou l'éducateur doit prendre soin d'éliminer ou de mettre hors de portée les éléments qui comportent du danger (médicaments, produits toxiques, boutons de cuisinière, prises de courant, etc.) et respecter certaines mesures élémentaires de sécurité (un éclairage adéquat dans les escaliers, par exemple). Il faut aussi enseigner à l'enfant des stratégies ou des moyens concrets par lesquels il fera face aux dangers lorsque les adultes seront absents: que faire, par exemple, s'il y a un dégât d'eau ou un incendie dans la maison ? Ces règles de sécurité doivent être bien comprises par l'enfant. Quand ce dernier se rend compte qu'on le protège contre des accidents ou des maladies, il sent qu'on accorde de la valeur et de l'importance à son « être », ce qui favorise l'estime de lui-même.

Le sentiment de sécurité psychologique

Certains parents accordent moins d'importance à la question de la sécurité psychologique. Or, cette forme de sécurité est également fondamentale pour le développement de l'enfant. Grâce à la régularité des soins qu'on lui prodigue et à la présence stable des adultes autour de lui, l'enfant arrive peu à peu à ressentir une sécurité psychologique qui se transformera graduellement en une attitude de confiance par rapport à l'autre et à lui-même.

Une présence et des attitudes sécurisantes

Un enfant a besoin de nouer des relations stables avec des adultes. Le contexte social dans lequel nous vivons aujourd'hui ne semble pas répondre adéquatement à ce besoin. En effet, tous les jours, l'enfant entre en contact avec un grand nombre d'adultes. On estime même qu'au primaire, en fréquentant les services de garde de son école, il est en interaction avec une dizaine d'adultes durant la journée. Or, l'enfant ne retire pas nécessairement de bénéfice de ces rencontres, car ce n'est pas tant le nombre d'adultes avec qui il entre en contact qui importe, mais la stabilité et la qualité de la relation qu'il a avec ces adultes.

De nos jours, la famille souffre d'une pénurie de temps. Les adultes sont souvent bousculés par mille activités et ils ont de moins en moins de temps à consacrer aux enfants. Ainsi, nombreux sont ceux qui ne profitent pas d'une relation stable et continue avec un adulte. À défaut d'une attention stable, ces enfants risquent de souffrir de négligence affective. Lorsque l'enfant sent que l'adulte est trop pressé ou occupé pour lui accorder du temps, il peut facilement en conclure qu'il n'a pas de valeur. L'enfance ne passe qu'une fois et quand l'enfant est devenu adulte, on ne peut revenir en arrière et compenser rétrospectivement un manque de présence. Accorder de l'attention et du temps à l'enfant ne se limite pas à jouer avec lui. Le parent peut s'occuper à diverses tâches habituelles à la maison tout en prodiguant de l'attention à son enfant. L'important, c'est que ce dernier perçoive qu'il est présent dans le champ relationnel du parent, qu'il sente qu'il n'est pas de trop ou qu'il dérange continuellement son parent.

Par contre, il ne faut pas oublier que certains enfants sont très accaparants. Le parent aussi a besoin de temps et d'espace personnels. On doit tendre à un équilibre entre l'attention que l'on s'accorde et celle que l'on accorde à l'enfant. Toutefois, pour obtenir sa ration affective, ce dernier doit absolument vivre des moments privilégiés avec le parent, sources de plaisir pour lui. Compte tenu du fait que les parents sont souvent bousculés par le temps et qu'ils sont sollicités de toutes parts, il leur faut faire un choix de priorité dans leurs valeurs pour assumer leur responsabilité parentale.

La stabilité d'humeur de l'adulte contribue également à sécuriser l'enfant. Il ne s'agit pas de demander au parent ou à l'éducateur d'être toujours d'humeur égale, mais d'éviter des changements trop brusques ou excessifs dans l'expression émotive et dans ses réactions ; cela ne peut que provoquer de l'insécurité chez l'enfant, qui en arrive à craindre des réactions imprévisibles ou exagérées. Un sentiment de sécurité ne s'accommode vraiment que de comportements assez prévisibles. Si l'adulte responsable de l'enfant est trop fatigué, s'il est stressé ou s'il vit des conflits interpersonnels, il doit s'occuper d'abord de lui-même, c'est-à-dire apprendre à réduire l'insécurité qui produit son stress ou demander de l'aide afin d'être plus serein et disponible pour l'enfant. Il est important de souligner que ce n'est pas le fait de pleurer devant son enfant qui est nuisible en soi, mais plutôt le fait que l'enfant se sent coupable de cet état émotif du parent. Il n'est pas toujours possible de garder ses humeurs stables, car un adulte n'est pas un robot. Ce qui nuit au sentiment de sécurité, c'est la fréquence des changements d'humeur. Une fatigue occasionnelle du parent doit être exprimée à l'enfant ; cela le libère d'un sentiment de culpabilité.

Une ligne de conduite éducative stable est d'une importance capitale pour amener l'enfant à intégrer un sentiment de sécurité. Il est reconnu que les enfants souffrant le plus d'insécurité proviennent d'un des milieux suivants. Le premier, très sévère et répressif, donne peu de liberté à l'enfant ; on y observe des interventions éducatives excessives et humiliantes. Dans un tel contexte, l'enfant ressent rapidement de l'insécurité et il peut devenir soumis ou inhibé par crainte des réactions des adultes, ou encore se rebeller contre eux. L'autre milieu dans lequel l'enfant manque de sécurité est celui où les adultes sont trop permissifs. Dans ce cas, l'enfant n'a pas de balises ni de règles de conduite claires pour ajuster son comportement et profiter, à l'intérieur de limites bien définies, d'une marge de liberté. Au contraire, les enfants éduqués dans un milieu où les règles sont claires développent une bonne estime d'eux-mêmes en s'évaluant positivement.

La stabilité dans les attentes fait aussi partie des attitudes éducatives qui contribuent à sécuriser l'enfant. Les exigences de l'adulte, en ce qui concerne les comportements désirés, doivent demeurer sensiblement les mêmes. Un manque de continuité dans les attentes et des demandes qui varient sans arrêt créent de l'insécurité chez l'enfant. Quand ce dernier vieillit, il se rend compte que l'adulte n'est pas sincère ou sérieux à cause de cette inconstance. Il peut se dire qu'il suffit d'attendre que l'adulte change ses exigences ou qu'il les oublie. Le parent doit oublier son souci de perfectionnisme et ignorer certains comportements secondaires lorsqu'ils ne nuisent pas au développement de l'enfant. Sinon, ce dernier risque d'interpréter la recherche de la perfection comme du harcèlement ou de l'hostilité. Une telle attitude peut générer du perfectionnisme, de l'opposition verbale ou non verbale, et une résistance passive chez l'enfant.

Garantir la stabilité

Tout groupe ou tout individu a ses rituels, ses routines. Ce sont des façons de faire ou des habitudes que la vie en société et les particularités de chaque activité nous font adopter. En ce qui concerne l'enfant, il est évident que trop de changements dans les routines provoque de l'instabilité et de l'insécurité, et tend à diminuer la confiance. En effet, les routines ont pour effet de sécuriser l'enfant et de le situer dans le temps et dans l'espace. Aussi, lorsque les changements sont importants et fréquents, les parents doivent garantir la plus grande stabilité possible ; par exemple, les parents qui ont des horaires de travail variables doivent s'assurer qu'il y a toujours un adulte responsable à la maison. Un des critères de qualité d'un milieu de garde est la stabilité de son personnel. S'il y a un changement d'éducateur, le parent doit pouvoir dire à son enfant quelle est la personne qui prendra soin de lui.

Il faut voir à ce que la vie de l'enfant dans le milieu éducatif se déroule selon un horaire régulier et sans trop d'imprévus. Les enfants sont très « conservateurs » et n'aiment ni les changements subits ni l'improvisation. L'orientation dans le temps s'établit selon trois niveaux de développement : le temps vécu (la séquence des moments de vie ou des activités que l'enfant vit concrètement), le temps représenté (évoquer mentalement ce qui vient avant ou après une activité) et le temps connu (le temps mesuré par la montre, l'horloge, le calendrier, etc.). Tout enfant, surtout quand il est très jeune, doit vivre une stabilité dans la séquence de ses moments de vie pour parvenir à se représenter mentalement ce qui vient avant ou après une activité. Je me souviens d'enfants de milieux familiaux désorganisés qui ne pouvaient se représenter mentalement des séquences temporelles et qui souffraient d'insécurité. J'ai compris la principale cause de ce phénomène quand j'ai fait des visites à domicile. Dans plusieurs de ces familles, il n'y avait pas de repas établi. À tout moment de la journée, quand les enfants avaient faim, ils allaient chercher de la nourriture au réfrigérateur. Dans ces familles, tout était improvisation et instabilité. Par exemple, si un enfant faisait une demande, le parent ne pouvait pas lui dire : « Attends après le dîner », puisque ce repas n'existait pas.

C'est grâce à la régularité et à la stabilité que l'enfant parvient, avec le temps, à se représenter mentalement la succession temporelle et qu'il peut prévoir ce qui se passe avant et après une activité. Cela le rassure et lui donne confiance. Si on sait à l'avance qu'un événement va perturber l'horaire habituel, il est important d'en informer l'enfant le plus tôt possible afin qu'il ait le temps de se représenter ce changement et de l'apprivoiser mentalement. Il est également souhaitable de lui dire que l'horaire habituel sera rétabli une fois l'événement passé.

Tout enfant, et particulièrement tout jeune enfant, a besoin de repères spatiaux stables pour s'orienter, s'organiser et se sécuriser. Il doit en arriver à se représenter mentalement les lieux où il vit chaque jour pour éviter l'insécurité ou la panique lorsqu'il s'égare ou lorsque l'adulte est absent. Ces repères spatiaux stables représentent pour l'enfant son territoire, un lieu d'appartenance auquel il peut s'identifier. Ainsi, il est important qu'il dispose de lieux personnels stables : sa chambre, des espaces pour ranger ses jouets et même pour cacher ses secrets.

De fréquents changements d'horaire ou de lieu de vie provoquent un stress que même les nourrissons ressentent. Tout enfant a un grand besoin de stabilité. Des déménagements répétés, un changement de gardienne, une garde partagée instable, des modifications à l'horaire, tout cela crée un climat d'insécurité qui peut nuire au développement de l'enfant. Cela ne veut pas dire qu'il faille éliminer tout changement dans la vie d'un enfant. Une telle attitude rigide et surprotectrice l'empêcherait de développer des mécanismes d'adaptation et de gestion du stress ; sans ces mécanismes, il serait démuni face à toute nouveauté. Il faut le sécuriser et le protéger, sans toutefois le surprotéger.

Développer l'autodiscipline

Dès les premiers mois de sa vie, l'enfant commence à maîtriser son environnement physique et humain. Au cours de ses explorations, il doit être protégé des dangers et il doit apprendre à connaître les limites de son milieu. Il est essentiel qu'il arrive, avec le temps, à distinguer les comportements qui sont permis de ceux qui sont interdits. Il doit apprendre, et cela est parfois pénible, à régulariser et à adapter ses conduites en fonction des réalités qui l'entourent. Cette autodiscipline s'acquiert graduellement, sur une période de temps qui va de la petite enfance à l'adolescence.

Durant des conférences que je donne, il m'arrive de demander aux parents s'ils croient que les enfants d'aujourd'hui sont plus indisciplinés qu'autrefois. Les réponses sont variées, mais une bonne proportion de parents sont convaincus que les enfants d'aujourd'hui présentent plus de problèmes de discipline. Je leur communique alors cette citation de Socrate, datant de 400 ans avant notre ère :

> « Nos jeunes ont de mauvaises manières, se moquent de l'autorité et n'ont aucun respect pour l'âge. À notre époque, ils sont des tyrans, ils répondent à leurs parents, ils sont impossibles. »

On le voit, les problèmes de discipline ne datent pas d'hier. Toutefois, l'intensité, la fréquence et surtout les manifestations de l'indiscipline ont certainement varié selon les époques, selon les valeurs et les niveaux de tolérance.

Il y a certains principes qu'il faut comprendre pour bien situer l'importance de la discipline dans le développement de l'enfant :

- Il est tout à fait normal qu'un enfant fonctionne selon le principe de plaisir. Par nature, l'enfant est hédoniste. Il cherche avant tout à s'amuser et à éviter l'effort.

- Il est naturel qu'un enfant cherche à manipuler l'adulte ou les situations de manière à satisfaire ses désirs. Il est moins normal que l'adulte le laisse faire ou se laisse prendre au piège.

- Un enfant a toujours le pouvoir qu'on lui donne. J'ai connu de nombreux parents qui se sentaient tout à fait dépassés par les problèmes de discipline avec leur enfant. Ils exprimaient leur impuissance et réclamaient des recettes miracles. Dans une telle relation parent-enfant, l'un des deux n'avait pas joué son rôle. L'enfant avait bien rempli le sien. J'aidais ces parents à comprendre les besoins réels de leur enfant pour qu'ils puissent adopter d'eux-mêmes les attitudes ou les moyens nécessaires pour mieux encadrer et sécuriser le petit. En général, l'indiscipline est un problème favorisé par un manque de fermeté chez l'adulte. Par contre, certains enfants intériorisent un conflit et souffrent alors d'une carence relationnelle ou d'une hyperactivité d'origine neurophysiologique. L'indiscipline n'est pas liée alors à une négligence parentale, car les parents ont – autant que l'enfant – besoin d'une aide spécialisée ou professionnelle.

- Il faut aussi retenir le principe selon lequel, si l'enfant répète souvent le même comportement, c'est que cela lui apporte quelque chose. Que ce soit conscient ou inconscient, l'enfant gagne quelque chose à adopter ce comportement. Je me souviens d'un petit de 3 ans, en milieu de garde, qui mordait régulièrement les autres enfants. En observant systématiquement son comportement, on a découvert qu'il pouvait ainsi s'approprier tous les jouets qu'il voulait parce que les autres petits le fuyaient.

L'enfant n'apprend pas à maîtriser de tels comportements si les adultes, au préalable, n'exercent pas un certain contrôle sur lui pour le protéger. Ce contrôle amène l'enfant à intégrer un sentiment de sécurité. S'il ne sent pas cette protection, l'enfant sera anxieux et dépensera beaucoup d'énergie à s'agiter sur le plan moteur ou à se retrancher derrière des attitudes défensives. En conséquence, il ne pourra pas investir cette énergie dans son apprentissage ou dans de bonnes relations avec les autres.

Des règles de conduite sécurisantes

Tout milieu a besoin de règles pour fonctionner. À l'école et à la maison, les adultes doivent élaborer des règles de conduite ayant pour but de sécuriser l'enfant. En lui donnant des points de repère stables, l'adulte permet à l'enfant de s'adapter à son milieu tout en lui permettant d'intégrer des valeurs.

Pour bien comprendre l'importance des règles de conduite qui sécurisent un enfant, je donne souvent l'exemple suivant aux parents : « Avez-vous déjà été pris dans une tempête de neige ? Supposons que vous faites une balade en voiture et que vous n'avez pas prévu qu'il neigerait. Une tempête de neige s'abat sur vous pendant que vous roulez. Vous n'osez pas arrêter de peur qu'une autre auto vous frappe. La tempête devient plus forte et vous ne voyez presque rien, comme si un drap blanc était suspendu devant votre auto. Vous êtes complètement désorienté et très inquiet. Un sentiment d'insécurité vous envahit. Vous vous dites : "Qu'est-ce qui va m'arriver ?", "Est-ce que je vais rester pris dans la neige ?", "Est-ce que j'aurai une panne d'essence ?", etc. Si, par bonheur, vous distinguez entre les rafales une maison que vous reconnaissez, vous vous sentez déjà plus en sécurité. Cette maison vous sert de point de repère et vous permet de vous orienter. »

C'est là un exemple de sécurité physique mais, du point de vue psychologique, le même phénomène se produit. L'enfant a besoin de règles de conduite pour s'orienter dans la vie. Un enfant âgé de 9 ans me disait : « Chez moi, il n'y avait pas de règlements, on ne m'a jamais dit quoi faire ou ne pas faire. » Il continua son propos en disant : « Je me sentais nerveux en dedans de moi. » Effectivement, il était très agité. Finalement, il ajouta : « Je pense bien que chez moi, j'aurais pu faire un meurtre. » Il avait raison. Dans sa famille, il n'y avait pas d'adulte suffisamment ferme et sécurisant pour lui indiquer clairement quels étaient les comportements acceptables et ceux qui ne l'étaient pas.

Malheureusement, ce garçon vivait dans une tempête de neige continuelle sans avoir aucun point de repère.

Les règles de discipline n'ont pas pour but premier d'assurer le bien-être des adultes, mais de protéger l'enfant, de le sécuriser et d'en prendre soin. Elles ont cette double finalité : d'abord prévenir et arrêter les comportements dangereux pour l'enfant et pour les autres, et ensuite lui transmettre des valeurs. En fait, un règlement est un moyen ou une modalité éducative pour protéger l'enfant et pour lui faire intégrer des valeurs qu'on juge importantes. Il n'y a pas de bonnes ou de mauvaises valeurs. Tout dépend de notre morale personnelle, de nos choix éthiques : respect de soi, des autres ou de l'environnement, honnêteté, responsabilité, fiabilité, engagement, etc. Ce sont des valeurs que l'adulte a choisies et qui donnent un sens à sa vie. Tout parent doit avoir ce souci de transmettre à l'enfant des valeurs autant que de satisfaire ses besoins de développement.

Les règles doivent être établies en fonction de l'âge de l'enfant et tenir compte de son niveau de développement et de ses besoins. Ces règles, nécessaires pour amener l'enfant à acquérir une conscience morale et sociale de même qu'une autodiscipline et un sentiment de sécurité, doivent comporter certaines caractéristiques.

Être claires

Les règles doivent être claires, c'est-à-dire véhiculer des valeurs éducatives facilement compréhensibles par les enfants (respect de soi, des autres ou de l'environnement). Il est donc essentiel que les parents et les éducateurs établissent les principales valeurs qu'ils veulent transmettre, tout en éliminant celles qui sont secondaires. Il est important qu'il y ait consensus des adultes autour de ces règles afin que l'enfant constate qu'il vit dans un milieu stable et cohérent. Si cette entente n'existe pas et si les adultes se contredisent, l'enfant peut facilement ressentir de l'insécurité.

Être concrètes

La formulation des règles doit exprimer explicitement les comportements souhaités, sans ambiguïté ou marge de fausse interprétation. Pour se sentir en sécurité, l'enfant doit savoir exactement ce qu'on attend de lui. Les règles doivent être formulées de façon concrète, sur un mode constructif. Il faut éviter le plus possible les « ne pas ». Par exemple, au lieu de dire « ne cours pas », il est plus concret et profitable de dire « marche ». En général, les enfants qui ont trop entendu de « ne pas » sont immunisés par rapport aux interdictions. Ils ne les entendent plus. Dans plusieurs écoles, on a établi un code de vie qui est un ensemble de règlements auxquels les élèves doivent se soumettre. Mais dans plusieurs cas, ce code de vie se limite à une liste d'interdictions, de comportements à éviter. En réalité, il n'y a aucune vie dans ce qu'on appelle « code de vie ». Malheureusement, on n'indique pas ou peu aux élèves les comportements qu'on attend d'eux. Enfin, les règles doivent aussi être réalistes, c'est-à-dire adaptées aux capacités et au niveau de développement des enfants pour qu'ils soient capables de les respecter.

Être constantes

L'application des règles ne doit pas varier au gré de l'humeur de l'adulte. La constance est synonyme de fermeté. Les parents et les éducateurs ont souvent du mal à faire preuve de constance car, comme tout être humain, ils vivent de grands stress et connaissent des changements d'humeur. Pour favoriser la constance, il est important de n'avoir qu'un nombre réduit de règles à faire respecter, car en général, les enfants de 6 à 12 ans ne peuvent intégrer et appliquer que cinq règles à la fois. La constance et la fermeté prennent un sens constructif quand l'adulte ne perd pas de vue les valeurs qu'il veut transmettre.

Il y a un grand principe éducatif à retenir. La constance dans l'application des règles aide beaucoup plus les enfants à évaluer et à intégrer des valeurs que le degré de sévérité des punitions. Cela veut dire que si vous êtes constants dans l'application d'une règle et qu'à la suite d'une désobéissance, l'enfant assume la conséquence de ses actes, cette constance est plus profitable pour l'enfant que si vous êtes inconstant et qu'à la suite d'une quelconque désobéissance, vous imposez une grosse punition à l'enfant.

Fermeté n'est pas synonyme de fermeture ou de rigidité. Par exemple, on peut suspendre temporairement une règle pour une occasion spéciale ; on doit alors faire comprendre à l'enfant qu'il s'agit d'un privilège et que la règle sera remise en vigueur dès que cette occasion sera passée. Constance et fermeté sécurisent beaucoup les enfants ; elles leur permettent de voir les adultes comme des êtres justes, fiables et dignes de confiance.

Être cohérentes

Transmettre des valeurs à un enfant se fait essentiellement de deux façons : par des règles de conduite et par l'exemple. Ainsi, est-il essentiel que l'adulte prêche par l'exemple en agissant lui-même selon les valeurs qu'il veut transmettre. Cela peut paraître évident ; pourtant, ce n'est pas toujours le cas. Par exemple, dans certaines écoles et milieux de garde, on interdit aux enfants de mâcher de la gomme alors que certains membres du personnel eux-mêmes ne respectent pas cette règle. On dit aussi aux enfants de ne pas crier alors que les adultes crient en leur adressant la parole. L'enfant est très sensible à ces contradictions, surtout à partir du moment où il a commencé à développer un jugement logique et critique qui lui permet de constater le manque de cohérence entre les paroles de l'adulte et son comportement. La transmission des valeurs se produit dans une relation significative que l'enfant tisse avec l'adulte, faite d'attachement et de respect. Encore faut-il que l'adulte soit authentique et sincère pour promouvoir ces valeurs. La cohérence entre valeurs prônées et comportements prend la forme d'un témoignage qui inspire sécurité et confiance.

Être conséquentes

Les enfants ont tous, à des degrés divers, une propension à transgresser les règles et leurs comportements ont alors des conséquences sur eux-mêmes et sur les autres. L'enfant doit apprendre à assumer ces conséquences si l'on veut qu'il intègre le sens de sa responsabilité personnelle.

Cette prise de responsabilité doit être logique ou naturelle (un enfant renverse son verre de lait, alors il doit essuyer le dégât), ou se faire par réparation. Le geste de réparation doit être étroitement lié à l'acte reproché. À ce propos, il convient de faire la distinction entre punition et réparation. Comme il a été mentionné, cette dernière est logiquement liée à l'acte, alors que ce n'est pas le cas pour une punition. Par exemple, si un enfant frappe un compagnon et qu'on lui fait faire du piquet pour expier sa faute, il s'agit d'une punition. En effet, il n'y a aucun lien logique entre ces deux comportements : frapper l'autre et faire du piquet. Il est possible que l'enfant ne répète pas ce comportement, non pour avoir compris sa responsabilité, mais plutôt pour éviter une autre punition. Cette dernière est essentiellement du conditionnement par aversion.

Pour comprendre le sens de la réparation, prenons l'exemple d'un enfant qui agresse physiquement ou verbalement un camarade. On peut décider qu'il devra, pour réparer cette faute, rendre service à son camarade. Dans le cas d'un élève dont le comportement perturbateur nuit au groupe dont il fait partie, la réparation pourrait être d'assumer après coup une responsabilité permettant d'aider le groupe. Dans l'esprit du développement de l'estime de soi, la conséquence logique à un écart de conduite doit prendre la forme d'un geste réparateur constructif. Dans cette perspective, lorsque l'enfant a réparé sa faute, l'adulte doit souligner son geste afin que l'enfant vive le moins longtemps possible avec une image négative de lui-même.

En général, les enfants sont très sensibilisés quant à leurs droits et libertés, mais très peu en ce qui concerne leurs responsabilités et leurs devoirs. C'est par la réparation que l'enfant peut saisir les liens de cause à effet entre ses paroles et ses gestes, et leurs conséquences sur une autre personne ou sur l'environnement.

En réparant de façon constructive, l'enfant comprend et assume la responsabilité de ses gestes et de ses paroles. Pour la majorité des parents, il n'est pas facile d'appliquer ce principe de réparation dans le feu de l'action, car la plupart ont été habitués à des punitions durant leur propre enfance.

Pour une discipline incitative

La majorité des milieux éducatifs adoptent et mettent en pratique une discipline plus répressive qu'incitative. En effet, les interventions éducatives sont, en général, davantage orientées vers la répression des comportements dérangeants ou perturbateurs que vers l'encouragement des comportements positifs. Habituellement, on prête plus attention aux comportements négatifs, ce qui amène beaucoup d'enfants ayant compris cette situation à répéter ces comportements afin qu'on s'occupe d'eux.

Valérie, 9 ans, m'a été référée pour des difficultés de comportement à l'école. Le personnel de son milieu scolaire ne comprenait pas les raisons de ses difficultés, puisque durant trois ans, Valérie avait été une bonne élève, sage et travaillante. Mais depuis quelques mois, on ne la reconnaissait plus. Elle était devenue impolie et parfois même grossière avec son enseignante ; elle perturbait souvent le groupe en créant de la zizanie. On l'envoyait régulièrement au bureau de la directrice d'école. J'ai posé deux hypothèses explicatives : une relation négative avec son enseignante ou un conflit à l'intérieur de la famille. Valérie avait une bonne enseignante, ferme et chaleureuse, même si elle était parfois exaspérée par les comportements de la fillette. Elle avait essayé plusieurs moyens pour l'aider à s'adapter, mais sans grand résultat. Pour ce qui est de la famille, il n'y avait pas eu d'événements particuliers ni de conflits susceptibles d'expliquer son changement de comportement. Les parents me semblaient sincères et inquiets. Au cours d'une rencontre, j'ai interrogé Valérie pour cerner les causes de ses difficultés. Elle me dit alors : « Vous savez, à l'école durant trois ans j'étais bien tranquille, mais cette année je suis tannante ! » Un peu plus tard, elle ajouta : « Maintenant, à l'école, il y a beaucoup de personnes qui s'occupent de moi. »

Valérie avait trouvé la recette efficace pour recevoir de l'attention. Durant trois ans, cette fillette fonctionnait bien, mais elle n'était pas reconnue pour sa valeur. Grâce à son indiscipline, elle captait l'attention des adultes, elle n'était plus anonyme. C'est malheureusement le drame de milliers d'enfants.

Quand un milieu est plus répressif qu'incitatif, un climat de suspicion se crée, creusant un véritable fossé entre adultes et enfants. Pour passer d'une discipline répressive à une discipline incitative, les adultes devraient appliquer le principe des trois « R ».

Reconnaissance

Il faut souligner régulièrement les bons comportements des enfants par une reconnaissance ou des félicitations, afin qu'ils soient conscients de la valeur de leurs gestes. Trop d'enfants qui ont un bon comportement et qui apprennent bien nourrissent une faible estime d'eux-mêmes, car on a négligé de souligner le positif en eux. Comme on l'a dit au chapitre précédent, l'estime de soi, c'est la conscience de la valeur qu'on se reconnaît ; or, pour que cette conscience s'établisse, l'enfant a besoin de réactions de la part des adultes qu'il apprécie.

Dans certains cas, on peut utiliser des récompenses concrètes en guise de reconnaissance, mais il est important de préciser que plus la relation est significative entre un enfant et un adulte, plus les félicitations de ce dernier portent fruit.

Réparation

On encourage les comportements valables lorsqu'on demande à l'enfant de réparer une faute par des gestes constructifs. En appliquant systématiquement ce principe, on enseigne aux enfants à être en relation avec leur entourage sur un mode constructif. La réparation réduit le sentiment de culpabilité chez l'enfant tout en l'aidant à assumer sa responsabilité personnelle.

Rachat

On a souvent tendance à enlever des privilèges aux enfants qui ont eu des écarts de conduite. Dans la perspective du développement de l'estime de soi, il importe d'accorder à l'enfant la chance de « racheter » un privilège perdu s'il se conduit bien pendant une période de temps déterminée à l'avance. Donner à l'enfant une chance de se reprendre, c'est lui démontrer qu'il peut réparer une erreur commise et c'est aussi lui pardonner. Cela montre également à l'enfant qu'il a droit à l'erreur. Enfin, la possibilité de rachat amène l'enfant à voir l'adulte comme un être souple et chaleureux, qui reconnaît ses efforts.

Aider l'enfant à gérer le stress

Insécurité et stress sont intimement liés. On constate que les enfants vivent beaucoup de stress à cause de l'insécurité qu'ils ressentent face aux changements et à la nouveauté. Il faut donc les aider à gérer ce stress tout en agissant sur les causes de l'insécurité[3].

Il est important de souligner que le stress n'est pas uniquement négatif. Au contraire, il nous aide aussi à actualiser nos capacités adaptatives, à relever des défis et à évoluer. Tout dépend, bien sûr, de notre manière de le

---

3. Voir l'encadré en page 81.

gérer. L'estime de soi et le sentiment de sécurité jouent un grand rôle dans cette gestion du stress. Si l'enfant est conscient de ses forces et de ses ressources personnelles, il se sent plus sûr et confiant pour faire face au défi qui le stresse. Par contre, le stress devient détresse quand on ne peut le fuir ni le combattre ou lorsqu'il surpasse nos capacités d'adaptation. Lorsqu'il devient détresse, il provoque chez l'enfant de l'agitation motrice, des troubles de comportement, un affaiblissement du système immunitaire et, à la longue, des maladies psychosomatiques.

De la sécurité à la confiance

Protéger un enfant et en prendre soin favorise donc un sentiment de sécurité chez lui. Le parent ou l'éducateur qui en est responsable lui assure une sécurité exogène (ou extérieure) par la régularité de ses réponses aux besoins exprimés, par une stabilité dans le temps et l'espace ainsi que par un certain nombre de règles de conduite. Cette sécurité « extérieure », qui se vit dans une relation d'attachement stable et chaleureuse, s'intériorise chez l'enfant et devient peu à peu une sécurité intérieure, un sentiment de confiance.

Érik H. Erikson (1902-1994), un grand auteur en psychologie de l'enfant, de l'adolescent et de l'adulte, a bien expliqué que l'attitude de confiance s'établit chez le jeune enfant et qu'elle est active durant toute la vie. Les conditions expliquées précédemment pour faire vivre un sentiment de sécurité et de confiance sont décrites dans la théorie de cet auteur. Mais le noyau de l'estime de soi se retrouve dans la relation d'attachement que l'enfant tisse d'abord avec les adultes qui prennent soin de lui.

Les auteurs Ainsworth[4] et Bowlby[5] ont décrit la dynamique et les conditions de l'attachement de l'enfant avec un ou plusieurs adultes pourvoyeurs de soins (mère, père,

---

4. AINSWORTH, M.D.S. *et al. Patterns of Attachment.* Hillsdale (N.J.) : Erlbaum, 1978.

5. BOWLBY, J. *Attachment.* New York : Basic Books, 1969.

éducatrice, etc.). La sécurité de l'enfant est liée à son attachement avec un ou plusieurs de ces adultes qui ont comblé ses besoins. Compte tenu de la dépendance du jeune enfant, c'est surtout durant les deux premières années de vie que le soutien du parent est le plus important. L'enfant a besoin d'une personne chaleureuse qui répond adéquatement à ses besoins, ce qui le sécurise.

Le docteur Michel Lemay[6] parle de la notion d'empathie ou de la capacité du parent à décoder, par exemple, le sens des pleurs et des gestes afin de bien y répondre. En ce sens, la seule régularité des soins ou la présence ne suffisent pas à développer une relation d'attachement qui permettra à l'enfant de construire par la suite un sentiment de confiance. En effet, comme le mentionne Erickson[7], il ne s'agit pas seulement d'apporter une satisfaction aux besoins de l'enfant, mais de le faire dans un environnement affectif qui permettra aussi de satisfaire le besoin d'être caressé, touché, consolé, pour que la confiance et l'attachement se nourrissent.

L'enfant qui a vécu une stabilité dans les soins qu'on lui a prodigués, dans un contexte d'attachement inconditionnel, développe le sentiment qu'il vaut la peine qu'on s'y attache, qu'il est important puisqu'on prend soin de lui. Il en dégage une première conscience de sa valeur intrinsèque.

Comment peut-on avoir confiance en quelqu'un ? Comment peut-on dire qu'une personne est digne de confiance ? Ce sont des questions que je pose parfois aux parents. La plupart d'entre eux répondent qu'une personne est digne de confiance lorsqu'elle est fiable, lorsqu'elle tient ses promesses. C'est cela que doit vivre l'enfant pour intégrer un sentiment de sécurité et de confiance. Même le jeune enfant sent bien cette attitude chez l'adulte : « J'avais faim et on m'a donné à manger », « J'avais une douleur et on m'a soigné ». Grâce à cette

6. LEMAY, M. *Famille, qu'apportes-tu à l'enfant ?* Montréal : Éditions de l'Hôpital Sainte-Justine, 2001.

7. ERIKSON, E.H. *The Life Cycle Completed : A Review.* New York : Norton and Co., 1982.

régularité dans la réponse à ses besoins, l'enfant perçoit que le parent est fiable, qu'il ne le laissera pas tomber. La fiabilité procure un sentiment de sécurité chez l'enfant. La confiance devient plus intériorisée quand l'enfant se rend compte que le parent est fiable, même si parfois il le fait attendre.

Il faut considérer le délai entre le besoin exprimé par l'enfant et la satisfaction de ce besoin par le parent. Si ce délai est trop long, la frustration peut amener l'enfant à renoncer à la satisfaction ou à ne plus y croire. Par contre, si le délai est trop court ou lorsque la réponse aux besoins de l'enfant est immédiate, l'enfant n'apprend ni à attendre ni à espérer. Savoir quand satisfaire le besoin au bon moment ne peut se faire que s'il y a une bonne compréhension des besoins et des réactions de l'enfant. Par un bon dosage du délai, l'enfant acquiert cette certitude : « Je peux me permettre de supporter la frustration d'une attente parce qu'on m'a prouvé souvent que même si j'attends, j'aurai satisfaction à mon besoin. » Pour l'enfant, le parent est sécurisant et surtout digne de confiance.

Ainsi, le sentiment de confiance origine de ce que nous appelons la « sécurité extérieure » et se consolide quand l'adulte tient ses promesses. Si c'est le cas, celui-ci est alors perçu comme un être fiable et sécurisant. C'est à cette condition que l'enfant en arrive à intérioriser le sentiment de confiance qui, seul, peut lui inspirer de l'espoir en l'avenir.

Cette confiance en l'autre se transforme progressivement en confiance en soi. En effet, la sécurité et la confiance dans des adultes significatifs permettent à l'enfant de se risquer dans la découverte de son environnement parce qu'il a la certitude que, si un danger se présente, quelqu'un viendra le protéger ou l'aider.

Pour insuffler un sentiment de confiance à l'enfant, il faut aussi lui faire confiance. En effet, le parent ou l'éducateur doit croire aux capacités d'adaptation de l'enfant. Il lui appartient de le soutenir dans ses initiatives, de valoriser son apprentissage et de le protéger sans le surprotéger.

Le sentiment de confiance qui se manifeste chez l'enfant par des états de détente, de bien-être et d'optimisme est, en quelque sorte, le résultat d'une contagion. En effet, les parents et les éducateurs doivent d'abord se faire eux-mêmes confiance avant de pouvoir transmettre ce sentiment à l'enfant. Dans cette optique, il est important de gérer l'insécurité qui provoque leur stress et de réduire leurs doutes quant à leurs compétences éducatives. En d'autres mots, ils doivent d'abord s'occuper d'eux-mêmes pour que les enfants en profitent.

■ Des suggestions pour aider l'enfant à combattre le stress

- Le bruit est l'une des principales causes de stress. Il faut donc en identifier les principales sources et les éliminer au maximum.

- Les espaces trop restreints provoquent chez les enfants des interactions agressives qui en déstabilisent plusieurs. Chaque enfant devrait avoir suffisamment d'espace pour jouir d'une liberté d'action et avoir la chance de disposer d'un espace personnel où il peut se retirer quand la tension est trop forte.

- Il faut limiter le stress dans les périodes de changement. En général, surtout en ce qui concerne les jeunes enfants, il faut réduire au minimum la fréquence des changements qui surviennent au cours d'une période de six mois. Par exemple, en cas de séparation, les parents doivent éviter de déménager l'enfant, de changer son milieu de garde ou son école, et de le priver de ses amis et des activités parascolaires auxquelles il participe habituellement.

- On doit apprendre à l'enfant à aller chercher de l'aide et à exprimer sa peur ou sa colère.

- Il est important d'accorder à l'enfant des temps libres pour qu'il puisse donner libre cours à son imaginaire et s'amuser pour se détendre.

- L'exercice physique est un très bon moyen de gérer le stress. La relaxation, la musique et les exercices d'imagerie mentale aident également à se détendre.

- Pour certains enfants, le bricolage, les activités artistiques et les activités de manipulation sont de bons exutoires pour se détendre.
- Le rire constitue un véritable antistress, comme le fait de courir, de chanter ou de lire.
- Il faut aider l'enfant à mobiliser ses énergies de façon constructive, c'est-à-dire à fuir ce qu'il ne peut changer et, en faisant appel à ses capacités adaptatives, à combattre ce qui est à sa mesure.
- Tous les parents ont généralement trouvé des moyens de combattre le stress ; ils doivent en faire profiter leurs enfants.
- Le stress étant contagieux, le parent ou l'éducateur doit veiller à réduire le sien.

Les signes observables d'un sentiment de sécurité et de confiance chez l'enfant

Les enfants qui ressentent de la sécurité et de la confiance manifestent la majorité des attitudes et des comportements suivants :

- Ils sont confiants face aux adultes qu'ils connaissent ;
- Ils sont capables de se détendre physiquement ;
- Ils sont capables d'accepter les contacts physiques ;
- Ils sont capables de s'adapter au stress ;
- Ils sont capables de demeurer calmes face à une blessure physique ;
- ils sont capables de demeurer calmes face à un malaise physique ;
- Ils sont capables de tolérer des délais ;
- Ils sont capables d'anticiper du plaisir ;
- Ils sont capables de réagir positivement à une nouveauté ;
- Ils sont capables de courir des risques calculés ;
- Ils sont capables de représentation mentale du temps ;
- Ils sont optimistes face à l'avenir ;
- Ils sont capables de comprendre et d'accepter le sens des règles ;
- Ils sont capables de répondre positivement aux règles.

■ **Les attitudes parentales qui favorisent un sentiment de sécurité et de confiance chez l'enfant**

- Garantir une stabilité à l'enfant par un horaire régulier;
- Lui offrir un cadre de vie stable dans l'espace et dans le temps;
- Établir des routines et des rituels fixes;
- Être stable dans les réponses à ses besoins physiques;
- Être stable ou fiable dans la réponse à ses besoins affectifs;
- Lui garantir une sécurité physique en éliminant les sources de danger;
- Lui garantir une sécurité physique en éliminant les sources de maladie;
- Réserver du temps pour s'amuser avec l'enfant;
- Lui offrir sécurité et affection quand il est malade ou blessé;
- Lui offrir sécurité et affection en accueillant ses émotions: colère, tristesse, peur, etc.;
- Tenir les promesses;
- Doser les délais entre ses désirs et leur satisfaction;
- Éviter les écarts excessifs d'humeur;
- Établir des règles de conduite sécurisantes;
- Être constant dans l'application des règles de conduite;
- Imposer des gestes logiques à la suite d'un manquement aux règles de conduite;
- Réduire le plus possible les facteurs de stress en préparant l'enfant aux changements;
- Offrir à l'enfant des façons de réduire son stress par des activités de relaxation.

CHAPITRE 3

Favoriser la connaissance de soi

La connaissance de soi est nécessaire pour acquérir l'estime de soi. Apprendre à se connaître est un processus qui dure toute une vie. La connaissance de soi devient de plus en plus précise au cours des diverses périodes de la vie et elle constitue en quelque sorte le pilier sur lequel s'appuie l'estime de soi. En effet, qu'il s'agisse d'un enfant, d'un adolescent ou d'un adulte, il faut apprendre à se connaître avant de pouvoir se reconnaître (estime de soi). Ainsi, c'est sur la base de la connaissance de soi que la personne en vient à intérioriser le sentiment de sa valeur personnelle. Mais ce processus de connaissance de soi se construit lentement chez l'enfant au cours des étapes de son développement, depuis la dépendance jusqu'à l'autonomie. Selon Greenwald et col.[1], quand l'enfant vient au monde, il vit une symbiose ou une fusion avec le parent, ce qui lui donne un «soi» diffus. En se développant, le jeune enfant prend davantage conscience des autres et de lui-même, mais alors la connaissance de soi se fait à travers les yeux des autres et se limite à la réaction de l'entourage, ce que les auteurs nomment le «soi public». Ils mentionnent aussi que le «soi privé» débute avec une vraie définition de soi et avec l'établissement d'une identité. Cette définition de soi ne peut se faire sans une connaissance de

---

1. GREENWALD, A.G., F.S. BELLEZA et M.R. BANAJI. «Is self-esteem a central ingredient of the self-concept?» *Personnality and Social Psychology Bulletin* 1988 14: 34-45.

soi. Vers l'âge de 7 ou 8 ans, l'enfant parvient à poser des jugements personnels et constructifs sur ce qu'il connaît de lui, donc à une estime de lui-même et à un soi privé. Dans le développement de l'enfant, il est souhaitable que ce dernier en vienne à être le moins dépendant possible de l'opinion des autres pour alimenter l'estime de lui-même. Durant la petite enfance, la connaissance de soi chez l'enfant dépend des personnes qui l'entourent.

La connaissance de soi se développe chez l'enfant grâce à ses interactions avec les autres. Elle est largement influencée par les personnes qui gravitent autour de lui et qu'il juge importantes. C'est en présence de ces personnes que l'enfant réalise une multitude d'activités physiques, sociales et intellectuelles au cours desquelles il développe des habiletés dont il devient peu à peu conscient.

Grâce à ses expérimentations et à ce qu'il apprend, grâce aussi aux réactions des personnes de son entourage, l'enfant apprend à connaître son milieu et sa propre personne. Au fil des expériences qu'il vit, il en vient à prendre conscience de ses caractéristiques physiques, de ses besoins et de ses sentiments, ainsi que de ses capacités physiques, intellectuelles et sociales.

Je te reconnais grâce à l'espace qui nous sépare

Le développement de l'enfant constitue un parcours vers une autonomie de plus en plus grande. Mais l'autonomie de l'enfant ne peut s'acquérir qu'à travers ce qu'il apprend. Quel que soit son âge, chaque fois qu'un enfant apprend une nouvelle chose, il rompt un lien de dépendance par rapport à son entourage. Ainsi, il prend de plus en plus de distance par rapport aux personnes qui l'entourent.

Au cours de ses premières années, l'enfant apprend graduellement à se distancier des personnes qui ont de l'importance à ses yeux et à se différencier d'elles. C'est ce qu'on appelle le « processus de séparation-individualisation », à partir duquel l'enfant en arrive à mieux se connaître et à construire une connaissance de soi qui sera à la base de son identité. Il se découvre comme un être unique au monde et il acquiert les éléments de base de la connaissance de soi qui se transformera plus tard en un sentiment d'identité dont la synthèse se réalisera à l'adolescence.

Si le jeune enfant restait fusionné ou en symbiose avec le parent, son moi serait diffus, il ne pourrait pas reconnaître son identité. Le parent doit instinctivement et consciemment encourager l'enfant à apprendre pour acquérir de l'autonomie et se séparer de lui. La connaissance de soi et la certitude d'être une personne à part entière se développent graduellement. C'est, par exemple, entre 9 et 12 mois que l'enfant commence à se reconnaître dans un miroir. Entre 15 et 18 mois, le tout-petit arrive à se distinguer des autres sur les photos et vers 20 mois, il découvre qu'il est un garçon ou une fille. Vers l'âge de 3 ans, il commence à utiliser le pronom «je» en parlant de lui.

L'enfant découvre qu'il a de moins en moins besoin des autres et il établit une distance avec eux. Par exemple, le bébé s'aperçoit qu'il peut ramper, puis marcher. Il prend conscience qu'il peut faire des choses par lui-même, selon sa volonté, et qu'il a moins besoin des autres pour se déplacer. Vers l'âge de 20 mois, on assiste aux premières affirmations conscientes du jeune enfant quand il commence à dire «non!». Il utilisera fréquemment ce petit mot pour dire: «Je suis là, je m'affirme, je suis différent!». Durant cette phrase d'affirmation, le jeune enfant prend conscience qu'il est une personne à part entière et il acquiert les rudiments de l'autonomie. Cette affirmation crée une distance, une séparation, et ce processus séparation-individuation génère une certaine ambivalence. En effet, l'enfant est tiraillé entre son désir de s'affirmer et son besoin d'être aimé. Cette ambivalence est vécue aussi de la part de l'adulte. Par exemple, quand mon fils a commencé à marcher, j'étais très fier et content pour lui. Mais en même temps je me disais: «Il commence déjà à se séparer de moi.» De la part du parent, favoriser l'autonomie de son enfant, c'est en même temps accepter qu'il prenne ses distances et qu'il s'éloigne de soi. Encourager l'autonomie implique l'acceptation d'une éventuelle solitude. Il faut aimer inconditionnellement son enfant et lui permettre d'être de plus en plus autonome.

Se connaître par ses différences

Tout être humain est unique. On ne peut réduire les gens à des catégories ou à des données statistiques. En plus d'être uniques, les enfants changent sans cesse. Pendant le développement de leur autonomie, leur propre estime se fonde sur une bonne connaissance d'eux-mêmes et sur l'identité personnelle qui en résulte et qui fait naître le sentiment d'être unique au monde et de pouvoir obtenir l'estime des autres. C'est en se percevant différent des autres que l'enfant découvre peu à peu ce qu'il a d'unique.

Chaque enfant, à la naissance, possède des caractéristiques particulières. Chacun a des traits de caractère qui lui sont propres, exprime à sa façon des besoins à combler et se développe selon un rythme qui est le sien. Par ses actions, ses réactions, ses besoins et ses sentiments, chaque enfant démontre qu'il est différent des autres enfants et de ses parents.

C'est en constatant ses différences par rapport aux autres qu'un enfant prend connaissance de ce qu'il est et qu'il développe un sentiment d'identité personnelle. En effet, si une personne se sent pareille en tout point à quelqu'un d'autre, elle ne peut percevoir son identité. L'enfant doit donc voir ce qui le distingue des autres. Il doit prendre conscience qu'il n'a pas la même morphologie et la même physionomie que les autres, qu'il possède un ensemble d'habiletés qui lui sont propres, sur les plans physique, intellectuel et social, et qu'il est le seul de son entourage à avoir certains traits de caractère. Ces différences qu'il découvre graduellement l'amènent à se percevoir comme une personne unique.

Je me souviens de Julie, âgée de 9 ans, que je suivais depuis quelques mois pour ses difficultés à l'école. Nous échangions ensemble sur le thème des différences entre les enfants : traits physiques, habillement, qualités, difficultés, etc. Elle me dit : « Tu sais, si j'étais identique à une autre fille sur tous les points, tu ne saurais pas qui aimer. » Julie avait bien saisi le sens profond de l'identité. J'aimais cette petite justement par le fait qu'elle était différente des autres, parce qu'elle était unique.

Mais pour prendre conscience des différences et réaliser qu'on est unique, il faut observer les autres et faire des comparaisons. L'enfant se définit aussi par les traits qu'il partage avec les autres. Son estime de lui-même est favorisée quand on valorise les ressemblances. Par exemple, l'enfant sera ravi si on lui dit : « Tu as de beaux yeux bleus comme ta mère » ou « Tu as une bonne mémoire comme ton grand frère ». Par contre, la rivalité fraternelle peut devenir un obstacle à l'estime de soi ; tout dépend du climat d'acceptation et de respect de l'individualité de chacun dans la famille. Il est évident que les mots qui blessent, les sarcasmes ou les comparaisons dénigrantes entre les membres de la famille peuvent réduire l'estime de soi chez l'enfant. Certains enfants idéalisent leurs frères ou leurs sœurs, surtout les aînés, ou leurs parents. Si ces modèles sont perçus par l'enfant comme étant trop parfaits pour être imités, cela aussi peut réduire l'estime de lui-même. L'enfant vit alors un écart dévalorisant entre la connaissance de soi et son moi idéal, ou ce qu'il voudrait devenir. Il est très important que le parent amène chacun de ses enfants à se voir comme étant unique, par ses qualités et ses forces, mais aussi par ses difficultés. L'enfant doit constater qu'il a des ressemblances par rapport aux autres, mais aussi des différences, dont certaines sont à son avantage.

Dans cette quête d'identité, l'enfant s'aperçoit également qu'il possède les mêmes habiletés que d'autres enfants et qu'il a les mêmes réactions ou les mêmes traits de caractère que ses camarades. Grâce à cet équilibre entre la perception des différences et des ressemblances par rapport aux autres, l'enfant finit par bien se connaître.

L'enfant a besoin qu'on l'apprécie pour ce qu'il est : avec sa propre identité en devenir, et surtout, avec toutes ses différences. Accepter nos différences, c'est se donner le droit d'exister en tant que personne. Il ne s'agit pas d'une entreprise facile ; l'histoire de l'humanité regorge de témoignages montrant que les sociétés tolèrent difficilement les différences individuelles et collectives. Pourtant, la diversité fait loi dans la nature elle-même. Prenez deux grains de blé et faites-les pousser en même temps en contrôlant tous les facteurs de croissance : même degré d'humidité, même nombre de minutes d'ensoleillement, même quantité d'oligo-éléments dans la terre. Malgré tout, les deux grains de blé donneront deux tiges bien différentes, chacune poussant à son rythme. C'est cette unicité qui fait la merveille de la nature, l'être humain y compris. Malgré ce phénomène naturel, on voudrait que tout soit pareil. La volonté d'élimination des différences est une pratique présente dans le monde syndical, chez les administrateurs, les fonctionnaires, et malheureusement aussi, chez les enseignants.

Les différences entre individus créent une distance qui permet de rompre la fusion ou la symbiose. Si on n'accepte pas que l'autre soit différent, on rejette sa propre identité et son droit d'exister comme individu unique.

Face à la différence, on adopte l'une ou l'autre des quatre attitudes suivantes, allant de la plus primitive à la plus évoluée. D'abord, on peut rejeter l'autre parce que ses différences nous menacent en s'opposant à nos habitudes et à nos valeurs. Il s'agit d'un rejet total et cela n'a rien à voir avec le refus légitime d'un comportement inacceptable. Une autre attitude consiste à tolérer les différences chez l'autre. Cette attitude est un peu plus évoluée, mais elle indique encore que l'autre n'est pas accepté dans sa totalité, les différences étant perçues comme un mal nécessaire. Une troisième attitude plus évoluée consiste à accepter ces différences et à accueillir l'autre, ce qui suppose de l'empathie et du respect. Finalement, l'attitude la plus évoluée consiste à estimer l'autre, avec ou en dépit de ses différences. On estime l'autre personne pour ce qu'elle est.

Dans le contexte d'une relation, vouloir changer l'autre est souvent le reflet d'une intolérance aux différences. Il est reconnu que cela constitue une bonne source de conflits entre conjoints. Si l'on tient absolument à changer l'autre dans ses valeurs ou dans ses attitudes, on l'amène à se mettre sur la défensive pour protéger son identité. Vouloir changer l'autre pour le rendre semblable à soi-même, c'est se considérer comme un critère de perfection. C'est assez prétentieux…

Pour aimer une autre personne, il faut avoir une relation significative avec elle ; une relation d'attachement et de complicité qui confère une valeur à l'autre. Aimer l'autre veut dire l'apprécier dans son être fondamental ainsi que dans son apparence et son rendement (le paraître). Cela suppose qu'on porte des jugements positifs sur sa personnalité et sur son fonctionnement, et que ceux-ci sont guidés par la relation d'amour et de connivence qu'on entretient avec cette personne. Cette dernière, par contre, peut avoir des attitudes et des comportements qui nous déplaisent et qui provoquent de mauvais sentiments ; mais l'amour et l'estime qu'on éprouve pour cette personne transcendent ces différences déplaisantes.

Accepter l'enfant dans son identité

C'est dans le regard des autres, surtout dans celui des personnes qu'il aime, que l'enfant trouve la confirmation de son existence, qu'il se perçoit à la fois semblable et différent des autres. C'est par ce regard qu'il apprend à se connaître. Le besoin de reconnaissance chez l'enfant peut être conscient ou inconscient. Tout enfant cherche à capter le regard des personnes de son entourage par différentes facettes de son être : son physique, ses actions, ses paroles, etc. En fait, aucun enfant ne veut être anonyme.

Plus un adulte compte pour l'enfant, plus il a d'impact sur la connaissance de soi et l'estime de soi chez cet enfant. En général, ce sont les parents qui ont le plus d'influence sur la perception qu'a l'enfant de lui-même. La façon dont les personnes qui sont proches le perçoivent est le point de départ de la connaissance de soi et de l'estime de soi chez l'enfant. Si le parent considère son enfant comme une personne unique, importante et attachante, et qu'il le traite en conséquence, l'enfant découvre qu'il est digne d'intérêt, important et attachant.

En bas âge, les jugements des personnes qui comptent pour lui constituent le principal moyen de se connaître et de s'autoévaluer. C'est ainsi que l'enfant développe de l'estime pour lui-même. À mesure qu'il grandit, d'autres points de vue s'ajoutent, soit celui de ses amis et des nouveaux adultes qu'il connaît. En côtoyant ces personnes, l'enfant vérifie et remet en question la perception de sa valeur personnelle. Tout au long de son évolution, régulièrement, il prend conscience de sa valeur et la remet en cause. L'image de lui-même qui provenait des jugements de ses parents se modifie, même s'il reste toujours sensible à leurs réactions.

Pour favoriser l'estime de soi chez un enfant, il est important que ses parents lui témoignent un attachement inconditionnel, indépendamment de ses résultats. Grâce à cette attitude, l'enfant en vient à juger que sa valeur ne dépend pas de son rendement ou de son apparence, mais qu'elle représente une base solide et stable, indépendante des situations d'échec ou de réussite. Les parents rendent un grand service à leur enfant en lui accordant de l'importance pour sa valeur intrinsèque, tout en reconnaissant ses forces et ses difficultés. Ils l'aident ainsi à développer cette conviction intérieure d'être quelqu'un de bien et en évolution. Pour en arriver à adopter cette attitude, les parents doivent au préalable avoir fait le deuil de l'enfant rêvé.

Avant la naissance de leur enfant, tous les parents s'en font une image. Cette représentation du futur enfant est peuplée de rêves, de désirs et d'attentes qui sont propres à chaque parent. L'enfant, par exemple, sera beau, souriant, intelligent et sociable. Cette image de l'enfant à venir constitue l'enfant rêvé. Elle est naturelle et légitime.

Comment se forme cette image de l'enfant rêvé ?

L'enfant rêvé est souvent l'enfant que nous aurions voulu être. Inconsciemment, le parent lui donne comme mission de réaliser ses rêves, de combler ses lacunes ou, parfois, d'être son prolongement narcissique. Il est tout à fait normal d'avoir des attentes face à l'enfant, mais il est important qu'elles soient réalistes. Celles-ci peuvent permettre à l'enfant de relever des défis, même en repoussant progressivement ses limites et en se comparant à lui-même dans sa progression.

La vie amène des surprises agréables et désagréables. L'enfant rêvé vit dans l'imaginaire tandis que l'enfant réel, lui, existe concrètement. Il apporte des joies et des déceptions. Le parent qui a des attentes trop précises court le risque d'être désappointé et de centrer davantage son attention sur les aspects négatifs ou sur les défauts de son enfant réel.

Les adultes, parents et enseignants, ont beaucoup d'attentes face aux enfants. Pourquoi attachons-nous tant d'importance au rendement, aux résultats, aux exploits, et pourquoi scrutons-nous le développement de l'enfant à la loupe ? Est-ce que cela traduit notre espérance de pouvoir tout recommencer et notre espoir de tout réussir par son entremise ? Cette attitude est néfaste, car l'enfant, s'il nous ressemble, est également très différent.

Un enfant veut avant tout être aimé et il est prêt à beaucoup pour y arriver ; il peut même renier sa nature profonde. L'enfant qui n'est jamais satisfait de lui-même, qui se critique, qui détruit ses dessins et panique s'il n'obtient pas la meilleure note à l'école est convaincu qu'il ne peut être aimé qu'en étant parfait. Il croit qu'il est toujours en deçà de ce qu'on attend secrètement de lui et il peut facilement développer des symptômes liés au stress de performance (maux de cœur, de ventre, insomnie, etc.) ainsi que des sentiments dépressifs, et ce, même si le parent n'exprime pas ouvertement ses attentes.

Trop de parents et d'enseignants, perfectionnistes et intransigeants envers eux-mêmes et les enfants, ont tendance à fixer leur attention sur les difficultés et les imperfections, et à oublier les forces et les qualités. En éducation, il faut faire le deuil de son perfectionnisme, oublier l'enfant rêvé pour découvrir l'enfant réel. Il est important d'avoir des attentes face à son enfant, mais celles-ci doivent être conformes à ses intérêts, à ses capacités et au rythme de son développement particulier.

Valoriser l'enfant

Pour comprendre et maîtriser son environnement, physique et humain, l'enfant devient de plus en plus autonome. Il maîtrise diverses connaissances, des plus simples aux plus complexes, qui s'intègrent les unes aux autres. Il est normal que certaines des tentatives de l'enfant soient heureuses, alors que d'autres ne donnent pas les résultats escomptés.

Les parents ont tendance à ne pas prendre le temps de regarder les enfants comme ils sont, préférant s'attarder à ce qu'ils font. Or, il faut observer son enfant et trouver ses forces dans tous les domaines : physique (force, souplesse, endurance, etc.), intellectuel (curiosité, jugement, mémoire, raisonnement, etc.), social (facilité à se faire des amis, capacité de partager, de s'affirmer, etc.) et personnel (générosité, organisation, imagination, etc.). Les parents se limitent trop souvent à un ou deux aspects qu'ils valorisent, sans se demander si leur enfant s'y retrouve réellement, dans sa totalité. Les attentes et les exigences des parents peuvent s'intérioriser et meubler le moi idéal de l'enfant (ce qu'il voudrait être). Un enfant aura de la difficulté à s'estimer lui-même s'il constate un grand écart entre ce qu'il connaît de lui et son idéal.

Développer l'estime de soi, c'est permettre à l'enfant de réaliser ce qu'il y a de meilleur en lui. Pour cela, il est important que le parent ou l'enseignant réagisse de façon constructive quand l'enfant connaît des succès, même petits. C'est de cette façon qu'il en arrive à être conscient de ses capacités et de ses qualités ; cela le confirme dans sa valeur personnelle et lui donne de l'espoir face aux autres défis à relever. Pour que l'enfant se connaisse bien, ce n'est pas tant son rendement réel qui compte que la manière dont il perçoit les réactions des adultes à qui il accorde de l'importance.

En effet, comme le mentionne Bettelheim[2] :

« Quand l'enfant se rend compte que ce qu'il est et ce qu'il fait procure du plaisir à ses parents, il est heureux. Il se sent important parce que c'est lui que ses parents considèrent comme la source de leur plaisir. Ainsi, l'approbation parentale encourage l'enfant à former son identité ; elle lui permet de se sentir identifiable par lui-même, différent de tous les autres. Pendant les premières années de la vie a lieu ce passage important allant du sentiment que c'est ce qu'il fait qui procure du plaisir jusqu'à l'idée que c'est lui-même, en tant qu'être distinct, qui est à l'origine de ce plaisir. Les réactions constructives lui restent en mémoire et lui procurent un sentiment permanent de sa valeur personnelle. C'est grâce à ces réactions régulières que l'enfant, vers l'âge de 7 ou 8 ans, intériorise les messages positifs et le sentiment de sa valeur personnelle. Il peut alors continuer à nourrir son estime de soi par son monologue intérieur. »

2. BETTELHEIM, B. *Pour être des parents acceptables*. Paris : Robert Laffont, 1988. p. 188.

Tout éducateur doit également tenir compte des difficultés de l'enfant. Dans la perspective du développement de l'estime de soi, on ne doit pas considérer les difficultés comme des limites ou des handicaps. Au contraire, toute difficulté doit être vue comme temporaire et comme un défi à relever. Le parent ou l'éducateur doit aider l'enfant à vaincre ses difficultés ; il doit lui dire et lui faire comprendre qu'il a la capacité de le faire s'il utilise des bons moyens et qu'il persévère dans ses efforts. Ce faisant, il lui démontre qu'il a confiance en ses capacités ; cela encourage l'enfant et lui donne de l'espoir. Si le parent ou l'éducateur n'a pas d'attentes face à l'enfant, ce dernier interprétera cette attitude comme une confirmation qu'il n'est pas capable de relever des défis ni de s'améliorer.

L'enfant n'est pas uniquement un être d'action. L'adulte doit également l'apprécier pour ce qu'il est. Or, notre société véhicule une obsession du rendement et des résultats qui fait que beaucoup trop d'enfants, ne parvenant pas à satisfaire ces exigences, se sentent dévalorisés. Ces mêmes enfants possèdent souvent une grande intelligence du cœur qui se manifeste par la sensibilité à l'autre et la générosité. Mais ces qualités sont loin d'être suffisamment valorisées. Il est donc essentiel que tout enfant se sente aimé et estimé autant pour ce qu'il est que pour ce qu'il fait.

La connaissance de soi se transforme peu à peu en un sentiment d'identité, à partir duquel se développe l'estime de soi. Pour avoir une identité solide, l'enfant doit être réaliste face à ses capacités, ses difficultés et ses limites, et savoir de quelle manière il est perçu par les autres. Cette connaissance n'est possible que si les personnes qui l'entourent lui ont dit ce qu'il faisait de bien, à voix haute et régulièrement, tout en lui faisant part de ses difficultés et des défis qu'il doit relever, et sans toutefois remettre en cause leur attachement et sa valeur intrinsèque.

Vers l'âge de 7 ou 8 ans, avec l'apparition d'une pensée critique et logique, l'enfant a moins besoin des réactions positives de son entourage pour alimenter sa propre estime. Son monologue intérieur joue alors un rôle déterminant. Dans ses pensées, l'enfant se dira par exemple : « J'ai appris à conduire une bicyclette » ou « J'ai rendu service à mon ami ». L'enfant est dorénavant capable de récupérer les souvenirs de ses gestes positifs, de ses petites réussites, pour confirmer par lui-même sa valeur. Grâce à cette capacité de jugement logique sur lui-même, dans son monologue intérieur, il peut développer de l'estime pour lui-même, mais aussi se déprécier. Dans la vie, les jugements ou les opinions qui comptent le plus sont ceux que nous avons sur nous-mêmes. Les parents doivent accorder de l'importance à ce que les enfants pensent d'eux-mêmes, plutôt que de les inciter à modeler leurs comportements sur celui des autres.

Cultiver l'empathie

Les parents ne sont jamais purement objectifs lorsqu'ils décrivent leur enfant, ce qui est tout à fait normal. En général, cette subjectivité n'empêche pas les parents de discerner les forces, les qualités et les difficultés de l'enfant. Le sentiment amoureux génère de l'empathie et de l'engagement. Heureusement d'ailleurs que les parents sont amoureux de leur enfant, car il faut beaucoup d'amour pour le protéger, l'encourager et lui imposer des limites.

Les besoins du tout-petit s'expriment de façon motrice ou somatique. À 3 ans, l'enfant peut très bien décider de courir autour de la table de la cuisine uniquement pour qu'on s'occupe de lui. Son besoin d'attention est réel, même si sa façon de l'exprimer est inadéquate. Autrement dit, selon la phase de développement qu'il traverse, l'enfant exprime ses besoins de différentes façons et avec plus ou moins d'habileté. Il est donc important que l'éducateur améliore sa capacité d'empathie afin de décoder le sentiment ou le besoin qui sous-tend les comportements.

L'empathie est un mode de connaissance d'autrui fondé sur l'intuition et sur une attitude de compréhension, de respect et d'acceptation de l'autre. Grâce à sa capacité d'empathie ainsi qu'à une connaissance profonde de son enfant, même dans ses comportements non verbaux, le parent est capable de décoder les sentiments et les besoins de son enfant et de les exprimer à sa place (par exemple : « Ça te fâche quand tu ne réussis pas du premier coup » ou « Tu deviens nerveux quand il y a quelque chose de nouveau »). Ainsi, l'enfant en prend conscience, se sent compris et apprend à les manifester adéquatement. L'adulte doit reconnaître que tout sentiment est légitime et rassurer l'enfant quant à son droit d'exprimer ce qu'il ressent. Il doit l'aider à nommer ses sentiments et à les exprimer de façon adaptée. Ainsi, l'enfant apprend à se connaître.

Le parent doit faire confiance à son intuition et amener l'enfant à être conscient de ce qui sous-tend son comportement, que cela soit agréable ou non. Cette prise de conscience peut se faire verbalement ou par l'intermédiaire de dessins ou de jeux symboliques. Peu à peu, l'enfant en arrive à établir des liens entre ses besoins, ses sentiments et ses comportements. Plus un enfant est conscient de ses sentiments et de ses besoins, plus il les exprime adéquatement.

Ce qui nuit à l'estime de soi

Une éducation « négative »

L'éducation reçue par la majorité des adultes d'aujourd'hui se caractérisait par la recherche des lacunes et des fautes. Elle a été largement conditionnée par des messages négatifs qui empêchaient souvent les parents de voir le bon côté des choses et de souligner les gestes positifs de leurs enfants. Cette éducation a donné aux adultes des réflexes qui se sont ancrés et qui se manifestent par des remarques comme : « Il ne marche toujours pas à un an », « Il ne connaît pas son alphabet malgré des mois de pratique », « Il est toujours de mauvaise humeur », « Il ne range jamais sa chambre ». Les « toujours » et les « jamais » rendent les enfants impuissants et les empêchent de changer. De tels messages négatifs, surtout s'ils sont fréquents, peuvent les contraindre à se définir par ce qu'ils ne sont pas, par ce qu'il leur manque, au lieu de se connaître pour ce qu'ils sont et ce qu'ils ont.

Les mots qui blessent

Dans le mot « violence », il y a le mot « viol ». La violence verbale constitue un viol de l'amour-propre ou de la dignité de la personne et perturbe gravement l'estime de soi. Il y a des mots qui sont comme des caresses et d'autres qui blessent profondément. Il est donc très important de parler de façon respectueuse à un enfant ; pour développer le respect de lui-même, il doit se sentir respecté par les autres. Les petits sobriquets à connotation négative, même s'ils sont verbalisés sans agressivité, finissent par nourrir le monologue intérieur de l'enfant et lui donner le sentiment d'avoir moins de valeur que les autres. Les critiques négatives et fréquentes, les remarques acerbes, les jugements à l'emporte-pièce, voilà autant de coups portés à l'enfant.

Il convient de souligner que la majorité des adultes qui utilisent un langage blessant envers les enfants ont été eux-mêmes victimes de ce procédé durant leur enfance. Il faut stopper cette transmission d'une génération à l'autre, qui sape l'estime de soi. D'autant plus que la frontière séparant la violence verbale de la violence physique est souvent très mince.

L'identité négative

En règle générale, nos comportements reflètent la façon dont nous nous percevons. L'enfant, dans sa quête de connaissance de lui-même, adopte diverses attitudes et fait d'innombrables expérimentations en observant les réactions des adultes. D'ailleurs, c'est à partir de leurs réactions que l'enfant adopte des comportements valorisés par son entourage et qu'il abandonne ceux qui ne le sont pas. Voici ce que mentionne à cet effet Bettelheim :

> « Il est donc très important que les parents manifestent leur contentement chaque fois que l'enfant a un comportement positif ; c'est à cette condition que ce comportement deviendra habituel[3]. »

Mais tout dépend de la façon dont l'enfant est investi par les personnes qu'il juge importantes. En effet, s'il découvre que la façon la plus efficace d'attirer l'attention est d'avoir des comportements inadéquats, il aura tendance à les répéter. Rappelons-le : un enfant ne veut pas être anonyme.

À l'exception de celles qui souffrent d'une grave psychopathologie (autisme, psychose), toute personne se construit une identité soit positive, soit négative. Lorsqu'un enfant reçoit à répétition des réactions négatives, il intériorise une image négative de lui-même et l'intègre à son identité. Il adopte des attitudes, fait des gestes et s'exprime en conformité avec cette identité. S'il a intériorisé une identité négative, il aura tendance, par répétition compulsive, à la confirmer et à la défendre par un comportement négatif.

À titre d'exemple, prenons la question d'une hyperactivité qui ne compromet pas l'avenir d'un enfant. Si l'enfant hyperactif reçoit une multitude de réactions négatives, il développera une identité négative. L'enfant qui se fait dire sans arrêt de se tenir tranquille, d'arrêter de bouger et de rester à sa place en arrive à se croire « méchant ». Son être lui semble essentiellement mauvais et, pour confirmer cela, il répète ses comportements négatifs. Pensons également à un enfant qui manifeste souvent un problème d'adaptation et qui a intériorisé une image négative de lui-même. Si on lui dit qu'il a bien réussi une activité et qu'on est fier de lui, il est fort possible qu'il devienne aussitôt perturbateur. C'est qu'il ne peut conserver le souvenir d'être bon ; son identité est négative, et pour la défendre il annule inconsciemment ce souvenir.

---

3. BETTELHEIM, B. *Op. cit.* p. 169.

Car un être humain ne peut pas se retrouver sans identité; c'est comme s'il perdait le sens de sa propre existence. En développant l'estime de soi, on peut amener l'enfant perturbateur à intérioriser graduellement des images positives de lui-même, et surtout, à les conserver. Pour y parvenir, il faut prévoir des stratégies qui l'empêchent de démolir systématiquement les réactions positives qu'il suscite. Par exemple, à l'heure du coucher, on peut rappeler à l'enfant trois comportements positifs qu'il a eus durant la journée et quitter immédiatement la chambre pour éviter qu'il annule ces informations. Les derniers messages reçus dans sa journée sont donc positifs. Peu à peu, ils s'imprégneront dans sa mémoire et son inconscient, et l'enfant deviendra moins perturbateur. Lorsqu'il sera plus vieux, l'adulte pourra lui expliquer par quel mécanisme il agit de façon négative quand il reçoit des félicitations. De telles explications, s'appuyant sur la capacité d'empathie de l'adulte, ne doivent comporter aucun jugement négatif; de plus, elles inciteront l'enfant à prendre conscience de l'existence d'un lien entre ce qu'il ressent et son comportement négatif, ce qui peut le décider à changer.

Les parents et les éducateurs doivent être sensibles à la dynamique des enfants porteurs d'une identité négative. On assiste souvent à un combat impitoyable entre le bon et le méchant enfant, et l'adulte doit savoir que le bon est toujours présent malgré les comportements perturbateurs.

■ Les signes observables d'une bonne connaissance de soi

Il ne faut pas s'attendre à ce qu'un jeune enfant acquière une très grande connaissance de soi et développe le sentiment complet de son identité personnelle. C'est là le travail de toute une vie! Toutefois, l'enfant peut, à l'occasion et de façon variable, adopter les attitudes et les comportements suivants:

- Il est capable de reconnaître en lui une habileté physique ou une difficulté de cet ordre;
- Il est capable de reconnaître en lui une habileté intellectuelle ou une difficulté de cet ordre;

- Il est capable de reconnaître en lui une habileté relationnelle ou une difficulté de cet ordre ;
- Il est capable de reconnaître en lui une habileté créatrice ou une difficulté de cet ordre ;
- Il est capable de déterminer ce qui le différencie des autres ;
- Il est capable de s'affirmer ;
- Il est capable de déterminer les gestes ou les paroles pour lesquelles les autres l'apprécient ;
- Il est capable de faire des choix ;
- Il est capable d'exprimer ses goûts et ses idées ;
- Il est capable d'exprimer ses sentiments ;
- Il est capable d'exprimer ses besoins ;
- Il est capable d'avoir de plus en plus conscience des liens qui existent entre ses besoins, ses sentiments et son comportement ;
- Il est capable de se faire respecter ;
- Il est capable d'assumer de petites responsabilités adaptées à son âge ;
- Il est capable de conserver le souvenir de petits succès passés.

■ Les attitudes parentales favorisant la connaissance de soi

Les parents doivent adopter des attitudes et des moyens susceptibles de favoriser la connaissance de soi chez leur enfant. Ils doivent donc chercher :

- À tisser une relation d'attachement et de connivence ;
- À reconnaître et à accepter les différences entre leur enfant et ceux des autres ;
- À faire le deuil de l'enfant rêvé ;
- À proposer des objectifs réalistes, tant sur le plan de l'apprentissage que sur celui du comportement ;
- À faire preuve d'empathie et de chaleur humaine ;
- À utiliser un langage respectueux ;
- À éviter de poser des étiquettes sur l'enfant, comme « paresseux », « lent », etc. ;
- À se centrer sur les forces, les qualités et les compétences ;

- À avoir régulièrement des réactions positives ;
- À inciter l'enfant à prendre conscience qu'il est unique au monde par ses caractéristiques corporelles ainsi que par ses qualités et ses talents particuliers ;
- À favoriser l'affirmation et l'autonomie ;
- À aider l'enfant à prendre conscience de ses besoins et de ses sentiments et à les exprimer adéquatement ;
- À amener l'enfant à prendre conscience des liens qu'il y a entre ses besoins, ses sentiments et ses comportements ;
- À souligner les difficultés rencontrées et à l'aider à les surmonter ;
- À éviter de souligner le comportement inacceptable devant les autres ;
- À blâmer le comportement inacceptable et non pas l'enfant.

Il serait illusoire de s'attendre à ce que les parents adoptent toutes ces attitudes et utilisent tous ces moyens de façon continue. Toutefois, il importe qu'ils s'interrogent réguliè-rement sur la qualité de la relation qu'ils tissent avec leur enfant. L'estime de soi d'un enfant est très influencée par le climat relationnel dans lequel il vit.

CHAPITRE 4

Favoriser un sentiment d'appartenance

Un être humain ne peut vivre de façon complètement autonome, replié sur lui-même et isolé. Il est impossible de tout faire seul. L'enfant, comme l'adolescent et l'adulte, n'est pas un sujet isolé, enfermé dans son entité corporelle, ou une conscience individuelle emprisonnée dans un corps. Le concept du moi se développe parallèlement au concept d'autrui.

Par nature, l'humain est social et grégaire. Il a besoin d'appartenir à un groupe, de se relier à autrui, de sentir qu'il est rattaché à un réseau relationnel. L'enfant ne fait pas exception et son besoin de faire partie d'un groupe augmente au fur et à mesure qu'il grandit.

Les parents ont, sur leurs enfants d'âge préscolaire, plus d'influence que les amis. Plus tard, lorsque les enfants ont entre 6 et 10 ans, leur influence est aussi grande que celle des amis, mais durant l'adolescence, elle perd de l'importance. À mesure que les enfants se socialisent, l'influence qu'ont leurs parents sur eux régresse; par contre, il est certain que l'héritage parental reste toujours vivant.

Nous avons tous besoin d'être reconnus par les autres pour exister. L'enfant a besoin du regard de ses parents, l'enseignant existe grâce à ses élèves, les amis se comparent entre eux. Que l'on cherche à être perçu comme semblable aux autres ou différent, ce sont eux qui nous confirment notre existence.

Tout au long de sa vie, l'être humain est partagé, parfois tiraillé, entre deux formes de reconnaissance nécessaires au développement et au maintien de l'estime de soi : la reconnaissance de sa singularité (son identité) et la reconnaissance de sa conformité. Nous avons vu dans le chapitre précédent comme il était important que le parent soutienne son enfant et l'aide à découvrir qu'il est à la fois pareil et différent des autres.

Mais de nos jours, les enfants passent beaucoup de temps dans des groupes organisés (service de garde, école, loisirs, etc.) qui influent de façon certaine sur leur développement. Ces groupes sont donc importants et nécessaires, car ils fournissent des occasions de s'ouvrir et de s'adapter à une autre dynamique que celle du milieu familial et, par extension, à la société en général.

Pour bien vivre avec les autres, l'enfant doit se conformer à certaines normes et règles imposées par les adultes et ses camarades. C'est ce paradoxe continuel que vit l'enfant : il a besoin d'être confirmé dans son identité, par le fait qu'il est unique, tout en ressentant le besoin de se conformer aux attentes de ses camarades pour être apprécié et accepté. En général, l'enfant d'âge scolaire a une peur bleue d'être différent des autres, pour éviter d'être isolé ou rejeté, mais en même temps, il ressent le besoin d'avoir sa propre identité.

Lorsque l'enfant participe à des activités communes, il reçoit une confirmation de son existence comme individu par le fait que ses camarades lui ménagent une place. Lorsqu'il prend des initiatives, influence son environnement ou lorsqu'il imite un adulte, il se reconnaît comme la source de ses propres actions, donc comme un être ayant une existence propre.

Individualisme et conformisme sont deux attitudes faisant partie de l'adaptation sociale. Cependant, l'enfant doit se dégager peu à peu d'un individualisme intégral pour s'adapter au groupe en adoptant des attitudes favorables et en apprenant la socialisation, tout en conservant son caractère unique.

Vers des attitudes prosociales

Au cours de ses premières années, l'enfant vit avec ses parents une profonde relation d'attachement, qui constitue en quelque sorte la base de son estime de soi. En vieillissant et en s'ouvrant au monde social, il cherche à vivre d'autres relations et à acquérir, en particulier avec ses camarades, une première conscience de sa valeur. Le sentiment d'appartenance ne peut se vivre qu'avec le développement de la socialisation. Le rythme auquel la socialisation se fait est propre à chaque enfant, mais il y a toujours des progressions subites, des périodes de stagnation et même, parfois, des régressions temporaires.

Dès l'âge de 2 ans, l'enfant adore être avec des petits comme lui, même s'il ne peut pas vraiment jouer avec eux. Il aime leur présence. À cet âge, le jeune enfant est conscient de la présence des autres enfants. Il les observe et les imite. Il est plutôt solitaire, il joue en présence de l'autre et il apprend peu à peu à tolérer la proximité des autres enfants. Il s'intéresse particulièrement aux jeux de l'autre et surtout... à ses jouets. Son langage n'est pas assez développé pour demander à l'autre enfant l'objet qu'il convoite. À cette période, on observe de nombreux conflits reliés au partage des jouets.

Vers 4 ans, l'enfant réclame à grands cris des amis. Même le parent le plus patient et le plus disponible ne peut constituer un ami aussi merveilleux qu'un autre enfant. Se tirer les cheveux, s'arracher un jouet, apprendre à négocier et à partager, cela fait partie de ses apprentissages sociaux. À cet âge, les enfants font surtout des jeux associatifs ou des coopérations, c'est-à-dire des opérations parallèles dans une même activité. L'enfant est particulièrement intéressé à se joindre à un groupe de camarades qui font une activité ludique, mais il est souvent maladroit dans ses demandes. À cet âge, ce sont d'abord les goûts communs qui comptent. Le choix des compagnons de jeux change souvent selon les intérêts.

Pour arriver à vivre pleinement un sentiment d'appartenance, il faut un long apprentissage d'habiletés, de collaboration et de coopération. L'enfant d'âge préscolaire n'a pas réalisé cet apprentissage et, de plus, il ne peut pas posséder les habiletés sociales qui favorisent l'appartenance à un groupe ; en effet, il est incapable de faire preuve, d'entrée de jeu, d'altruisme et de coopération. Il est encore beaucoup trop égocentrique et il ne peut se livrer qu'à des activités de « coopération » et à des monologues qu'on appelle « collectifs » parce qu'ils ont lieu en présence des autres, mais sans tenir compte d'eux. Je me souviens d'une scène cocasse et typique à cet âge où deux enfants placés l'un en face de l'autre prenaient une collation dans le milieu de garde. Ils semblaient converser.

La fillette s'adresse au petit garçon en disant : « Maman a oublié de mettre ma pomme dans ma collation. »

Le petit garçon la regarde et lui dit : « Mon père met du super sans plomb dans son auto. »

La fillette dit au petit garçon : « Anne (l'éducatrice) a fait un dessin sur ma main. »

Le petit garçon ajoute : « Julie a fait pipi dans ses culottes. »

C'était un véritable dialogue de sourds, un monologue collectif, où chacun était convaincu que l'autre l'écoutait. Ce phénomène existe parfois entre adultes. On observe des situations durant lesquelles tout le monde parle et personne n'écoute.

Pour être capable d'une véritable coopération ou d'un vrai dialogue, l'enfant doit avoir intégré une structure mentale de réciprocité. Ce n'est qu'à ce moment-là qu'éclate l'égocentrisme et qu'il devient possible pour l'enfant de considérer les besoins, les opinions et les sentiments des autres tout en les arrimant aux siens. L'enfant d'âge préscolaire n'a pas encore acquis cette capacité, mais il faut le stimuler en ce sens. En premier lieu, il faut profiter de sa tendance à jouer avec un autre enfant, à deux, pour l'aider à développer des attitudes prosociales. Ensuite, on peut l'aider à généraliser cette tendance en l'appliquant à un plus grand nombre de camarades.

Le parent ou l'éducateur joue un rôle important dans l'acquisition d'habiletés sociales chez l'enfant. Il ne faut jamais oublier que l'enfant observe beaucoup le comportement de l'adulte qui lui est significatif et qu'il cherche à l'imiter. Le parent ou l'éducateur doit d'abord être un modèle de résolution de conflits. Quand l'enfant constate que l'adulte est honnête et respectueux, qu'il partage et fait des compromis, il est porté à s'identifier à ces valeurs et à imiter ces façons de faire. Il est important que l'adulte lui enseigne des moyens de résoudre des conflits, en jouant parfois le rôle d'agent de liaison et de négociateur entre les enfants. Aussi, quand l'adulte félicite l'enfant qui a fait preuve de sensibilité à l'autre, par exemple en consolant un ami, en touchant doucement son petit frère ou en échangeant un jouet, l'enfant devient conscient de ses gestes positifs, qu'il cherche ensuite à répéter et qui alimentent l'estime de soi.

Apprendre à socialiser

On assiste donc, progressivement, tout au long du développement de l'enfant, à un déclin de l'influence parentale au profit de celle des amis. L'enfant prend petit à petit une distance par rapport à ses parents afin de s'ouvrir au monde social.

Durant la fréquentation scolaire, l'autorité des enseignants réduit celle des parents et change les identifications face à ces derniers, qui étaient jusque-là idéalisés. L'enfant de cet âge devient plus disponible pour absorber les matières scolaires et s'intégrer à son entourage. Grâce au développement de la pensée logique, l'enfant est capable d'un meilleur jugement. C'est la réalité sociale qui, petit à petit, guide et polarise ses gestes et ses paroles plutôt que la recherche de satisfactions immédiates. Les traits de sa personnalité commencent à se stabiliser et à s'affirmer de façon définitive. Son moi est plus fort et organisé, ce qui l'amène à un meilleur contrôle de ses pulsions. Il apprend à mieux les canaliser pour mieux s'adapter à un groupe.

Durant son parcours scolaire, l'enfant développe autant ses capacités intellectuelles que physiques. Eric H. Erikson[1] mentionne que, pendant cette période dite « de latence » (de 5 ans à 12 ans), la sexualité de l'enfant est mise en veilleuse et ses intérêts sont axés sur la socialisation. Selon ce point de vue, la force des pulsions étant plus faible, une plus grande quantité d'énergie psychique devient disponible pour être investie dans la socialisation. C'est donc là une étape cruciale pour intégrer des habiletés sociales. C'est la période des activités ou des jeux d'équipe, de la comparaison et de la compétition, au cours de laquelle l'enfant se mesurera aux autres et découvrira ses propres talents et habiletés.

À cette période de leur développement, on retrouve chez la majorité des enfants des motivations communes très importantes :

- Le désir d'être aimé, estimé et accepté par les autres, particulièrement par ceux qui ont le même âge et sont du même sexe ;
- La tendance à imiter les autres, surtout ceux que l'enfant admire et valorise ;
- Le désir d'être semblable à ceux qu'il aime et respecte ;
- Le désir d'éviter à tout prix le rejet des autres.

L'enfant éprouve un désir très vif d'appartenir à un groupe d'amis. Sa dépendance affective à l'égard de l'adulte diminue au profit de la dépendance sociale à l'égard de ses amis. Par le biais de ses relations avec eux, l'enfant arrive à ressentir qu'il a une valeur aux yeux des autres. C'est ce qui constitue l'estime de soi sociale. Pour l'enfant, être aimé par des camarades qu'il estime a plus d'influence sur l'estime qu'il a de lui-même que de bien réussir à l'école ou dans les sports.

---

1. ERIKSON, E.H. *Enfance et société*. Neuchâtel : Delachaux et Niestlé, 1966.

Les interactions avec les autres enfants sont nécessaires pour que l'enfant en vienne à bien s'évaluer dans un groupe. Ses camarades lui servent à la fois de miroirs et de modèles. Il acquiert plusieurs comportements grâce à l'observation et à l'imitation des autres. Les modèles qui influencent le plus sont les camarades que l'enfant perçoit comme semblables à lui et qu'il estime. Si un enfant encourage le comportement d'un autre enfant dans un climat d'estime réciproque, ce dernier aura tendance à répéter ce comportement pour être apprécié et accepté. Les amis sont pour l'enfant des objets de constante comparaison. L'enfant compare ce qu'il réussit avec ce que les autres réussissent, et il en vient à évaluer ses habiletés, ses forces, ses difficultés et ses limites. Selon Susan Harter[2], c'est seulement vers 7 ou 8 ans que l'enfant possède les capacités intellectuelles lui permettant d'utiliser la comparaison sociale dans l'évaluation de ses habiletés. Se positionner par rapport à ses camarades représente pour l'enfant un mécanisme d'ajustement de l'estime qu'il a de lui-même. Il peut reconnaître ses propres capacités ainsi que les difficultés qu'il peut surmonter. Cette reconnaissance nourrit son estime de lui-même.

Certains enfants éprouvent de réelles difficultés à socialiser parce qu'ils n'ont pas encore acquis les habiletés nécessaires pour résoudre des conflits et vivre des rapports d'harmonie avec les autres. Ce manque d'habiletés sociales se manifeste souvent par de l'isolement, par des situations où l'enfant est rejeté, par de la violence verbale et physique.

Notre société vit actuellement, dans ses structures familiales, institutionnelles, éducatives et démographiques, des changements importants qui influencent nos valeurs, nos attitudes et notre comportement, ainsi que ceux de nos enfants. Les médias rapportent souvent les inquiétudes des parents, éducateurs et enseignants concernant une augmentation de la violence à l'école et dans la société. Selon

---

2. HARTER, S. «Developmental perspectives on the self system». In E.M. HETHERINGTON, *Handbook of Child Psychology* 1983, vol. 4 : pp. 275-385.

Tremblay et ses collaborateurs[3], l'un des grands problèmes auquel l'école doit faire face quotidiennement concerne la violence sous plusieurs formes : abus verbal, agression physique, intimidation, intolérance, racisme, vandalisme, etc. De nombreuses écoles sont confrontées à ces problèmes qui s'amplifient et on cherche des moyens d'y remédier. Les causes de ces désordres ne sont pas toutes reliées à l'école. Selon Lapointe, Bowen et Laurendeau[4],

> « le tempérament de l'enfant, la structure et le mode de fonctionnement de la famille, la pauvreté, l'isolement social, le manque de ressources pour les personnes en difficulté, certains modèles de conduites agressives véhiculés par les médias et parfois encouragés par les groupes d'enfants, voilà autant de facteurs pouvant concourir à déstabiliser le développement socio-affectif de l'enfant pour mener ensuite à l'émergence de conduites violentes[4] ».

Mis à part ce phénomène de violence, trop répandu, on constate également que trop d'enfants sont isolés, rejetés ou vivent une solitude qui compromet leur développement. Comme nous l'avons mentionné précédemment, développer l'estime de soi chez les enfants n'est pas un moyen de rééducation ou de traitement, mais plutôt un moyen efficace de prévention des difficultés, notamment sur le plan social. Plusieurs recherches ont fait la preuve qu'un bon moyen de prévenir l'apparition ou l'augmentation des comportements violents consiste à offrir aux enfants des situations leur permettant d'intégrer des habiletés sociales dont l'estime de soi constitue une bonne assise. L'école représente une

---

3. TREMBLAY, R.E. *et al.* « La violence physique chez les garçons : un comportement à comprendre et à prévenir ». *Revue Interface* 1990 1 : 12-18.

4. LAPOINTE, Y., F. BOWEN et M-C. LAURENDEAU. *Habiletés prosociales et prévention de la violence en milieu scolaire.* Montréal : Direction de la santé publique Montréal-Centre, 1994. 3 vols.

micro-société, un microcosme où l'enfant doit apprendre à s'ajuster et à se régulariser face aux membres d'un groupe en acquérant des habiletés ou des compétences sociales en cinq étapes :

- La prise de contact ;
- L'affirmation de soi ;
- La conscience des autres ;
- Le contrôle de soi ;
- La résolution de conflits.

La prise de contact

Beaucoup d'enfants, surtout les plus jeunes, désirent sincèrement jouer ou faire des activités avec leurs camarades, mais sans savoir comment s'y prendre pour être reçus, et surtout, acceptés dans un groupe. Certains n'ont même pas appris comment saluer ou dire bonjour à un compagnon ou à un adulte. Ils sont maladroits, leurs contacts sont parfois difficiles ou brusques. Par exemple, un enfant qui se précipite sur un compagnon, courant le risque de le faire tomber, en lui demandant de participer à un jeu. Je me souviens d'un enfant dans un groupe dont j'avais la charge qui parfois me disait : « Salut, chien sale ! » Je ne sentais aucune hostilité de sa part et j'ai compris qu'il s'exprimait de la sorte quand ça faisait un certain temps que je ne lui avais pas accordé d'attention. Dès que je rétablissais le contact avec lui, son attitude était adéquate et adapté. L'enfant doit apprendre à ne pas s'imposer à l'autre. Dans son désir d'établir un contact avec un camarade, l'adulte doit lui montrer comment le faire de façon agréable pour l'autre afin qu'il soit accepté. Le parent ou tout adulte significatif doit guider l'enfant dans cet apprentissage, d'abord en étant un modèle d'imitation, mais aussi en lui faisant pratiquer des façons adaptées d'entrer en relation. Pour préserver l'estime de soi chez l'enfant, il est important que l'adulte lui signifie que c'est le comportement maladroit que les autres n'aiment pas, et non pas sa personne.

L'affirmation de soi

L'estime de soi se manifeste dans la vie courante, chez un enfant, un adolescent ou un adulte, par l'affirmation de soi. Lorsqu'un individu s'affirme par ses gestes, ses paroles, ou par l'ensemble de son comportement, on peut déduire sans se tromper qu'il a une bonne estime de lui-même. Ainsi, il est opportun de guider l'enfant dans l'acquisition d'une estime de lui-même si l'on souhaite qu'il s'affirme dans ses relations avec les autres. Si l'enfant n'a pas assez reçu de rétroactions à son égard ou d'encouragements, il peut ressentir une peur d'échouer ou d'être rejeté par les autres avant même le début d'une activité. Ce sentiment d'incompétence risque de persister si on ne l'aide pas à rehausser l'estime de lui-même. L'enfant peut être piégé dans un cercle vicieux. Par exemple, si l'enfant se juge incorrect dans ses relations sociales et qu'il craint que ses camarades le rejettent, cela le prédispose à vivre des conflits et l'empêche de tisser des liens avec ses camarades. L'adulte doit s'en préoccuper en l'aidant à devenir conscient de ses qualités, de ses forces et de ses talents, et à amener ses compagnons à les reconnaître. En mettant l'accent sur l'estime de soi chez l'enfant, on aide celui-ci à développer plus d'assurance face aux autres.

Il est souhaitable que chaque enfant parvienne à se dire et affirmer : « J'ai une valeur comme personne avec mes forces, mes qualités, mes talents et mes difficultés. Je vis des sentiments, des désirs et des besoins, j'ai aussi des idées. Je m'attends à ce qu'ils soient écoutés, considérés et respectés. » Ainsi l'affirmation de soi chez un enfant d'âge scolaire se manifeste par son aptitude à s'exprimer de façon adaptée. Elle présuppose la capacité de faire des choix personnels et d'en assumer les conséquences (positives et négatives), de prendre sa place et pas celle des autres (s'affirmer ne veut pas dire agresser les autres). Finalement, elle implique la capacité de se faire respecter.

La capacité de communiquer adéquatement avec autrui est un élément crucial dans la compétence sociale. Plusieurs enfants apprennent assez facilement à reconnaître et à exprimer leurs sentiments de façon appropriée, parce qu'on les a aidés à le faire. Par contre, certains enfants anxieux, inhibés ou isolés éprouvent des difficultés à participer aux activités de groupe et à exprimer leurs sentiments. D'autres enfants adoptent une attitude contraire, mais tout aussi inadaptée, en exprimant leurs sentiments de façon exagérée et parfois hors contexte. Le parent ou l'éducateur doit soutenir l'enfant et l'aider à s'exprimer avec respect face aux autres. Tout enfant doit parvenir à exprimer librement sa couleur personnelle et son identité devant les membres de son groupe. Voici un survol des principaux éléments qui doivent marquer son affirmation personnelle :

- Ce que je suis (qualités, habiletés, difficultés, etc.) ;
- Ce en quoi je suis différent ;
- Ce que j'aime ;
- Ce que je n'aime pas ;
- Ce que je ressens ;
- Ce que je pense ;
- Ce que je choisis ;
- Ce que je décide.

En s'affirmant ainsi, de façon constructive, l'enfant manifeste son estime de lui-même, et révèle sa valeur personnelle. Toutefois, avant de parvenir à s'affirmer de la sorte, l'enfant doit d'abord s'accepter dans son être et dans son paraître. Si un enfant réussit à développer une bonne estime de lui-même et à l'intérioriser d'une manière authentique, il lui sera plus facile de se faire respecter par les autres et de repousser les agressions extérieures susceptibles d'ébranler le sentiment de sa valeur. De plus, il n'hésitera pas à demander de l'aide à ceux qui l'entourent pour satisfaire ses besoins, exprimer ses idées ou se protéger. Quand un enfant s'accepte dans son être et dans son paraître, il lui est plus facile d'accepter les autres. Il peut s'affirmer sans agresser personne.

La conscience des autres

La capacité de décoder et d'interpréter les attitudes, les gestes et les paroles des autres comporte une dimension affective. Pour acquérir cette conscience, l'enfant doit faire preuve de souplesse, et surtout, se dégager de son égocentrisme. Il doit être suffisamment décidé à se faire accepter par les autres et à vivre un sentiment d'appartenance pour se décentrer de ses besoins immédiats. Entre 8 et 12 ans, la majorité des enfants sont parvenus à se dégager d'une bonne part de leur égocentrisme. Cependant, plusieurs ne maîtrisent pas encore cette capacité et leur égocentrisme constitue le principal obstacle à leur processus de socialisation.

L'enfant, avant l'âge de 7 ou 8 ans, ne comprend pas que les autres peuvent avoir des points de vue différents des siens. En effet, il est très centré sur ses besoins immédiats et ses opinions ont force de loi. Cette attitude l'empêche de bien coopérer avec les autres. Voici les principales caractéristiques de l'égocentrisme chez l'enfant de cet âge :

- Être centré sur son point de vue ou sur ses perceptions immédiates ;
- Avoir de la difficulté à percevoir et à considérer les besoins et les points de vue des autres ;
- Attribuer la responsabilité de ses erreurs aux autres et aux circonstances ;
- Avoir une pensée rigide, c'est-à-dire avoir de la difficulté à nuancer ses propos et à remettre en question ses jugements ;
- Être insensible à ses propres contradictions ;
- Avoir tendance à porter des jugements en ne tenant compte que d'un seul aspect de la réalité ;
- Généraliser facilement à partir d'un seul élément ou d'une seule perception ;
- Avoir des comportements sociaux stéréotypés ;
- Utiliser une seule stratégie devant une difficulté ;

- Faire peu d'autoévaluation et, conséquemment, avoir de la difficulté à corriger ses réponses et modifier ses actes[5].

Considérant que de nombreux adultes manifestent de tels signes d'égocentrisme, on comprend qu'il n'est pas facile de se défaire de cette attitude.

En acquérant la capacité de réciprocité, qui survient avec l'avènement de la pensée logique, l'enfant en vient à percevoir et à considérer les points de vue des autres. Pour devenir membre d'un groupe, il doit apprendre à tenir compte des opinions et des besoins des autres membres du groupe et assumer des responsabilités face à eux. Afin de lui permettre de se dégager de son égocentrisme, de coopérer et de vivre un sentiment d'appartenance à un groupe, il faut l'amener à être sensible à l'autre. Quand l'enfant apprend à reconnaître ses besoins et ses sentiments, on peut l'aider à reconnaître également ceux des autres, par leurs paroles, leurs gestes et leurs attitudes non verbales.

L'enfant doit apprendre à se décentrer de lui-même pour prendre conscience des autres, pour décoder les signes verbaux et non verbaux de ses camarades, pour les interpréter et adapter son comportement en fonction de la réalité sociale. Certains enfants dominateurs ou agressifs sont peu acceptés par leurs compagnons justement à cause de leur difficulté à se décentrer d'eux-mêmes et à passer outre leurs intérêts immédiats pour tenir compte des sentiments, des idées et des opinions des autres. Ces enfants n'ont pas encore développé suffisamment de conscience sociale pour adopter des comportements approuvés par leurs camarades (sourire, gentillesse, partage, coopération, générosité) et freiner ceux qui sont désapprouvés (agressivité, refus de partage, domination, tentative de monopoliser toute l'attention). Souvent, ils ne comprennent pas pourquoi les autres les

---

5. Duclos, G., D. Laporte et J. Ross. *Les besoins et les défis des enfants de 6 à 12 ans: vivre en harmonie avec des apprentis sorciers.* Saint-Lambert (Québec): Éditions Héritage, 1994. 367 p.

rejettent, car ils ne font aucune introspection sur leurs attitudes, leurs gestes ou leurs paroles. Par conséquent, ils ne comprennent pas ce qui déplaît. Face au rejet, ils vivent du désarroi, un sentiment de solitude et d'injustice et, par projection, ils attribuent les torts aux autres. Trop souvent, ils adoptent des attitudes inadaptées faites de violence verbale ou physique, et ces gestes entraînent encore plus de rejet de la part des autres. Il y a là un cercle vicieux dont l'égocentrisme ou le manque de conscience des autres est la principale cause.

Une des tâches de l'adulte consiste à inciter l'enfant à tenir compte d'autrui et à le féliciter quand il démontre des capacités de collaboration et d'écoute. Il importe aussi de l'inciter à comprendre et à reconnaître les circonstances où il doit agir en tant que membre d'un groupe. Cette sensibilité aux autres – cette conscience sociale – se concrétise vraiment par la transmission de valeurs de générosité et d'entraide. Ainsi, il faut inviter régulièrement l'enfant à se décentrer de ses besoins immédiats pour partager ses objets ou aider un camarade.

La façon dont un enfant comprend et tient compte des signaux des autres a un impact sur son comportement avec eux. Beaucoup d'enfants manifestent un trouble d'apprentissage social, c'est-à-dire une difficulté persistante à tenir compte de leurs camarades et à adapter leurs comportements en fonction de leur entourage. La faiblesse de leur conscience sociale les isole ou entraîne même leur rejet par leurs camarades. L'éducateur doit amener chaque enfant à prendre conscience de l'autre, à décoder ses gestes et ses paroles, à se mettre à sa place. Ainsi, l'enfant arrive à comprendre l'autre, à s'ajuster ou à se régulariser en fonction des besoins, des sentiments, des idées et des opinions de l'autre. Voici un survol des attitudes qu'on vise donc à développer :

- J'accepte la proximité des autres ;
- J'accepte de partager l'attention de l'adulte avec les autres ;

- Je reconnais les qualités et les habiletés des autres ;
- Je respecte le droit des autres à s'exprimer ;
- Je comprends les difficultés des autres ;
- Je suis conscient de l'impact de mes gestes et de mes paroles sur les autres ;
- Je comprends et je considère les idées des autres ;
- J'accepte de m'ajuster aux idées des autres ;
- Je comprends et je considère les sentiments des autres ;
- J'accepte de m'ajuster aux sentiments des autres ;
- J'accepte les règles de fonctionnement du groupe ;
- J'accepte d'expérimenter les suggestions des autres ;
- J'accepte de faire des compromis pour le bon fonctionnement du groupe ;
- Je participe activement à un projet de groupe. On ne peut s'attendre à ce que des enfants d'âge scolaire manifestent toutes ces attitudes, mais les adultes doivent les stimuler dans ce sens. La réduction de l'égocentrisme aide les enfants à maîtriser les habiletés indispensables à une véritable compétence sociale.

Le contrôle de soi

La vie en groupe génère souvent des insatisfactions ou des frustrations. En effet, l'enfant comprend qu'il n'est pas seul sur Terre et que les autres ne sont pas à son service. Il doit faire le deuil de sa toute-puissance s'il veut éviter le rejet des autres et s'il souhaite s'adapter à la vie de groupe.

L'apprentissage de l'autocontrôle ne se fait pas de façon magique. Il s'agit plutôt d'un long processus qui débute dès la petite enfance. Tout petit, l'enfant a besoin d'être sécurisé par un contrôle extérieur. Ce sentiment de sécurité l'aidera, lorsqu'il entrera à l'école, à intérioriser des règles de conduite s'appuyant sur des valeurs. Beaucoup d'enfants ne parviennent pas à un autocontrôle efficace de leurs gestes et de leurs paroles quand ils désirent quelque chose ou qu'ils sont frustrés. Ils réagissent souvent par de l'agressivité, verbale ou physique, par de l'hostilité ou de l'opposition face à l'entourage. Par exemple, ils disent des paroles et posent des actes d'agression, d'intimidation ou de destruction. Ils manifestent une opposition persistante à un encadrement normal. Ces comportements intoxiquent la vie de groupe et empêchent la résolution pacifique de conflits, car ils mettent tout le monde sur la défensive.

L'éducation suppose des ajustements réciproques et continus entre tous les membres d'un milieu, qu'ils soient éducateurs ou enfants. C'est ainsi que se créent la mutualité et l'harmonie dans leurs relations. Il y a un processus d'interaction et d'échanges où, en fait, tout le monde s'éduque. Ainsi, l'enfant s'adapte aux réalités sociales mais, réciproquement, les éducateurs s'adaptent aux caractéristiques personnelles et aux besoins particuliers de l'enfant.

Celui-ci doit s'habituer à maîtriser ses gestes et ses paroles pour résoudre des conflits. Il parvient à un équilibre entre les deux pôles opposés de la conduite humaine : l'inhibition et l'impulsivité. D'une part, il est important qu'il rompe certaines inhibitions pour « oser faire » et « oser dire ». Car sans cette autoaffirmation, il serait passif ou peu productif dans le groupe. D'autre part, il doit freiner son impulsivité pour s'ajuster aux réalités sociales qui l'entourent. Il apprend ainsi à s'affirmer, tout en réduisant l'intensité de ses gestes et de ses paroles. Cet équilibre entre ces deux pôles de la conduite humaine est parfois instable et précaire, mais il permet la socialisation des pulsions. Les adultes responsables de l'enfant doivent le soutenir dans l'atteinte de cet équilibre. Par leur attitude ferme et chaleureuse, et en lui suggérant des stratégies ou des moyens d'autocontrôle, les adultes permettent à l'enfant de s'affirmer d'une manière acceptable.

L'enfant qui éprouve des difficultés d'adaptation sociale doit prendre conscience de ses besoins et de ses sentiments ; il doit en reconnaître les manifestations dans son comportement. La caractéristique majeure de l'enfant en difficulté réside dans cette inaptitude ou cette maladresse à exprimer adéquatement ses besoins et ses sentiments. Plus un enfant est conscient de ses besoins et de ses sentiments, plus il lui est facile de les exprimer adéquatement. Un objectif important consiste à amener l'enfant à saisir les liens de cause à effet entre ses besoins, ses sentiments et ses comportements. Voici quelques exemples de cette prise de conscience : « Quand j'ai besoin d'attention (besoin), je dérange les autres (comportement) » ou « Quand je suis fâché (sentiment), je provoque les autres (comportement) » ou encore « Quand je suis anxieux (sentiment), je suis agité (comportement) ». L'enfant doit comprendre qu'il est tout à fait légitime d'éprouver des besoins et des sentiments, mais que parfois, les façons dont on les exprime sont inadaptées. Ainsi, on dissocie l'acte de la personne.

Ce sont les gestes ou les paroles qui sont inacceptables et non l'enfant lui-même, avec ses besoins et ses sentiments. Les adultes responsables d'un enfant doivent décoder son comportement et identifier le besoin sous-jacent. De cette manière, ils pourront lui suggérer des moyens d'expression adaptés au milieu et, ainsi, lui faire intégrer des habiletés sociales. Les adultes doivent faire preuve d'une bonne dose d'empathie pour lire les comportements de l'enfant et l'amener à prendre conscience des liens de cause à effet qui lient ses motifs à sa conduite. Ils l'habituent ainsi à apprivoiser son monde intérieur, à inventer des stratégies d'adaptation et à harmoniser son comportement avec son entourage.

Pour soutenir l'enfant dans son processus d'adaptation, il faut l'amener à décoder les signaux de ses camarades et à saisir l'impact ou les conséquences de ses gestes et de ses paroles sur les autres. Il faut l'encourager à considérer les caractéristiques particulières des autres.

En général, les enfants d'âge scolaire sont capables d'une telle représentation. Pour ce faire, l'enfant doit se dégager de son égocentrisme et se mettre mentalement à la place de l'autre. Cette attitude de décentration de soi-même est essentielle et l'adulte doit guider l'enfant dans ce sens. Par exemple, il peut lui dire : « Quand tu as traité Benoît de stupide, d'après toi, qu'a-t-il ressenti ? » Il faut que l'enfant arrive à mettre des mots sur les sentiments des autres. De cette façon, il les prendra en considération. Cette considération l'aidera à freiner ou à modifier ses gestes et ses paroles. Par ailleurs, l'adulte doit rassurer l'enfant en lui disant qu'il a le droit d'être fâché, mais qu'il doit exprimer sa colère dans le respect de l'autre.

En décodant les signaux, l'enfant apprend à tenir compte des besoins et des sentiments de ses camarades, et à régulariser son comportement. Cependant, cet ajustement ne peut se faire sans freiner ses pulsions. Voici quelques stratégies que l'adulte peut lui faire acquérir pour y arriver :

- Observer les signaux (verbaux et non verbaux) que lui manifestent ses camarades et qui traduisent les comportements souhaités, c'est-à-dire ce qui est acceptable et ce qui ne l'est pas dans le groupe ;

- Arrêter le comportement inadéquat pour se détendre et se rendre disponible ;

- Réfléchir sur les meilleures façons d'exprimer ses pulsions, ses besoins et ses sentiments d'une manière acceptable pour les autres ;

- Décider d'ajuster son comportement et appliquer la meilleure façon de s'affirmer en tenant compte des autres.

Les adultes peuvent suggérer aux enfants des moyens de concrétiser ces stratégies, par lesquelles la pensée précède l'action. Les enfants peuvent alors les mettre en pratique dans diverses situations de la vie quotidienne et, petit à petit, les intégrer et les intérioriser de façon adéquate.

La résolution de conflits

Les enfants en difficulté d'adaptation manquent de moyens dans leurs relations avec les autres. Face à une difficulté ou à un conflit avec un camarade, l'enfant en mal d'adaptation a tendance à toujours utiliser le même comportement, même s'il est inadapté à la situation. Il ne pense pas à utiliser une autre stratégie pour régler le conflit. Ainsi, s'installe un manque de régulation des conduites qui entraîne des difficultés persistantes. C'est en ce sens qu'on peut parler d'un trouble d'apprentissage social.

Dans plusieurs cas, les enfants inadaptés utilisent peu de stratégies adaptatives pour résoudre un problème, tout simplement parce qu'ils ne les ont pas apprises, parce qu'ils ne les connaissent pas, ce qui est malheureux. Les habiletés sociales doivent être enseignées par des adultes. À notre avis, le modèle le plus efficace est celui proposé par Thomas Gordon[6] (1990). Ce modèle peut être appliqué à un individu en particulier ou à un problème de groupe. En voici les principales étapes :

- **Identifier le problème :** On commence par bien cerner le problème pour qu'il soit clair. À cette étape, on encourage l'enfant à exprimer ses besoins et ses sentiments, et à décrire le problème en question. Puis, on l'invite à se détendre pour être disponible à écouter et à considérer les points de vue des autres. Il faut bien cibler les objectifs à atteindre.

- **Chercher les solutions possibles :** Avec l'enfant, on procède à l'inventaire des ressources et des moyens mis à sa disposition pour régler le problème. Si l'enfant ne voit pas de solutions, il faut les lui enseigner en s'appuyant sur des exemples. Au cours de cette étape, la contribution du groupe est souvent précieuse. En effet, les camarades peuvent suggérer plusieurs moyens pertinents.

- **Choisir une solution :** Parmi les solutions inventoriées, on encourage l'enfant à sélectionner celle qui est la plus susceptible d'être efficace en fonction de l'objectif à atteindre.

---

6. GORDON, T. *Parents efficaces*. Montréal : Éditions du Jour, 1990.

- **Mettre en place la solution choisie**: On passe en revue les moments les plus propices pour appliquer la solution sélectionnée. On anticipe le temps et les étapes nécessaires à sa réalisation. On prévoit des façons de soutenir l'enfant pendant la réalisation, soit individuellement, soit par l'intermédiaire du groupe. Finalement, on assure le suivi.

- **Évaluer les résultats**: On mesure l'efficacité de la solution choisie. Il faudra peut-être se rajuster au besoin, choisir d'autres solutions et recommencer le processus. Si un enfant échoue dans l'application de la solution choisie, il est important de lui faire comprendre que ce n'est pas lui en tant que personne qui est incompétent, mais que la raison de l'échec peut se situer dans la pertinence de la solution.

En suivant ce processus de façon systématique, l'enfant se rend compte que l'apprentissage d'habiletés sociales n'a rien de magique et qu'il peut continuer à s'améliorer, ce qui lui donne l'espoir de parvenir à des relations harmonieuses avec ses camarades. Un autre modèle de stratégies adaptatives peut aussi être utilisé. Il s'agit du « conseil de coopération » mis au point par Danielle Jasmin[7] (1994). En vue d'appliquer ce processus correctement, les adultes doivent avoir suivi une formation spéciale.

Par le développement de son estime de soi et par l'apprentissage d'habiletés sociales, l'enfant acquiert une compétence sociale qui favorise son intégration à plusieurs groupes. Il peut créer sa place au sein d'une collectivité. Les adultes peuvent soutenir activement les enfants au respect des différences, à la résolution et à la coopération. Les adultes devraient être les premiers modèles de ces valeurs altruistes.

---

7. JASMIN, D. *Le conseil de coopération: un outil pédagogique pour l'organisation de la vie de classe et la gestion des conflits.* Montréal: Éditions de la Chenelière, 1994. 122 p.

Des projets de groupe

Le sentiment d'appartenance à un groupe ne se crée pas par magie. Les enfants ne peuvent vivre ce sentiment que s'ils ont l'occasion de participer à des activités collectives. Un groupe ne se résume pas à une addition d'individus, mais il se définit plutôt par la qualité et la fréquence des relations entre ses membres dans la poursuite d'objectifs communs. Les projets de groupe auxquels chaque enfant apporte une contribution personnelle sont essentiels au développement.

L'enfant d'âge scolaire, en suivant un groupe d'appartenance et en s'intégrant à ses normes, peut comprendre le sens des règles. Le conformisme et l'affiliation favorisent l'estime de soi en société, la connaissance de ses forces et de ses difficultés dans un groupe. La satisfaction que l'enfant dégage de la conformité aux normes d'un groupe explique en partie son besoin de vivre un sentiment d'appartenance.

Le groupe d'enfants devient une grande source de réactions positives pour l'enfant et rehausse son estime de soi. La participation active de chacun et le respect des consignes ou des règles sont des conditions essentielles pour faire partie d'un groupe. C'est grâce à la mise en commun d'actions positives dans le cadre d'un projet collectif que l'entraide est vraiment vécue. L'enfant découvre qu'il peut être utile socialement, à produire et à s'intégrer dans des activités de groupe. C'est l'âge des petites responsabilités domestiques et scolaires à partir desquelles il peut dégager une bonne estime de soi si sa contribution est reconnue et valorisée par ses camarades.

Le rôle de l'adulte dans ce domaine est central. Il doit inviter chaque enfant à encourager ses camarades, à les féliciter et à leur rendre service quand ils en ont besoin. Aussi, est-il important que le parent ou l'éducateur souligne et valorise la contribution de chacun dans le succès vécu par le groupe.

Le sentiment d'appartenance se développe chez l'enfant lorsqu'il se sent estimé par les autres, c'est-à-dire quand on lui signale qu'il est unique et qu'il apporte une contribution à l'ensemble du groupe. La conscience d'appartenir à un groupe se développe chez l'enfant lorsqu'on lui fait assumer des responsabilités au profit de tous. Il importe que ces tâches soient adaptées aux capacités de l'enfant et qu'elles soient assumées à tour de rôle de façon à ce que chacun contribue au bon fonctionnement de l'ensemble.

L'école favorise l'apprentissage et l'exercice des responsabilités chez l'enfant. Aider un camarade dans une activité difficile ou aider son enseignant dans de petites tâches quotidiennes développe l'estime de soi sociale. Il en est de même dans le milieu familial.

Le groupe familial

Le premier sentiment d'appartenance d'un enfant se manifeste vis-à-vis sa famille, qui constitue sa première niche sociale. C'est dans sa famille que l'enfant s'initie à la vie en société. De là l'importance de liens étroits entre les membres de la famille et d'une bonne cohésion familiale. C'est grâce au soutien des membres de sa famille que l'enfant parvient à dépasser son égocentrisme et à tenir compte des autres. Il apprend ainsi à communiquer, à s'affirmer, à assumer des responsabilités, à respecter les règles établies et à partager.

Les relations que l'enfant entretient à l'intérieur de la fratrie lui fournissent l'occasion de résoudre des conflits de rivalité et de compétition. La fratrie est le premier groupe où se vivent des échanges, des négociations et des antagonismes. Actuellement, près de la moitié des enfants sont uniques. Ceux-ci ne connaissent évidemment pas les affres ni les joies de la fratrie, mais la plupart d'entre eux font partie d'un groupe, que ce soit dans un milieu de garde ou à l'école.

La famille, premier noyau d'appartenance de l'enfant, conditionne ou influence beaucoup sa capacité future d'adaptation. À cause des liens d'attachement, l'enfant s'identifie d'abord aux valeurs véhiculées par son milieu familial. Ainsi, lorsqu'il y a divergence de valeurs entre le milieu scolaire et la famille, l'enfant a tendance à adhérer aux valeurs transmises par la famille.

Le sentiment d'appartenance de l'enfant à sa famille grandit quand on lui relate l'histoire et les traditions de la famille élargie (grands-parents, oncles, tantes, cousins, cousines, etc.). De plus, toute famille vit des valeurs particulières, des traditions, des événements spéciaux, des anecdotes. L'enfant informé de son histoire familiale se rend compte qu'il a des racines et qu'il se situe dans une continuité.

On ne peut créer un sentiment d'appartenance sans projet de groupe. La famille n'échappe pas à cette nécessité. Il est donc très important qu'elle organise des activités collectives ou des projets auxquels chacun peut contribuer.

À ce propos, il est souhaitable de faire des activités en famille, comme de nettoyer la cour pour aménager une aire de jeux, faire des sorties ou passer des vacances ensemble. Les parents doivent proposer et organiser ces activités familiales. Cela réduit sensiblement le sentiment de solitude de chacun.

Le groupe scolaire

À l'âge scolaire, le groupe d'amis du même sexe prend un sens nouveau. Malgré les tentatives faites pour éliminer les stéréotypes et la discrimination sexuelle, il demeure que les garçons jouent avec les garçons et les filles, avec les filles. En fait, chacun a besoin de définir clairement son identité sociale, et cela se fait essentiellement en se comparant et en jouant des rôles bien définis.

Une fois à l'école, l'enfant veut élargir son cercle d'amis et se faire accepter par les membres d'un groupe. Les garçons sont surtout sensibles à l'approbation des autres garçons, tandis que les filles sont davantage valorisées par les réactions positives des autres filles. Tant que l'enfant ne se sent pas accepté par un groupe, il craint d'exprimer ses opinions, de prendre des initiatives ou de participer activement à des projets de groupe. Il aura peur de paraître ridicule ou d'être rejeté.

Plus tard, à l'adolescence, les groupes se mélangent plus. Au cours de cette période, les jeunes éprouvent un besoin impératif d'appartenir à un groupe, car cela leur permet de se distancier des parents et de trouver leur propre identité.

Les enfants et les adolescents qui éprouvent des difficultés sociales, ne sachant pas comment se faire des amis ou comment les garder, développent une mauvaise image d'eux-mêmes sur le plan social et se déprécient beaucoup. Des études ont démontré que les enfants de première année qui éprouvent des difficultés à se faire des amis et qui sont isolés risquent d'éprouver des problèmes sociaux à l'âge adulte. Il est donc important d'aider les enfants d'âge scolaire à développer des habiletés sociales et un sentiment d'appartenance.

Sentir que l'on fait partie intégrante d'un groupe, cela constitue un besoin inné chez l'enfant, comme chez l'adulte.

L'école, davantage qu'une institution d'enseignement, doit être un milieu où il fait bon vivre.

Vous souvenez-vous de vos années d'études à l'école primaire ? Si oui, il y a fort à parier que vos souvenirs sont surtout d'ordre social ou relationnel. En effet, les adultes à qui l'on pose cette question répondent très souvent qu'ils se souviennent de tel ou tel camarade ou d'événements comme un spectacle de fin d'année. Rares sont ceux qui se rappellent des contenus précis des programmes scolaires. Les bons moments, ceux qui sont nourris par des échanges humains remplis de chaleur, ont plus tendance à s'enregistrer dans la mémoire que les apprentissages purement didactiques.

Le sentiment d'appartenance à l'école est fondamental et il contribue à prévenir le décrochage scolaire. Pour s'en convaincre, il n'y a qu'à penser aux jeunes qui protestent avec véhémence lorsqu'on leur annonce qu'ils vont déménager et changer de quartier ; ils ne veulent surtout pas perdre leurs amis. Les enfants sont souvent plus conservateurs et plus attachés à leur milieu social que les adultes. Et ce phénomène est particulièrement fort chez les adolescents.

L'école est un lieu privilégié pour favoriser le développement de la socialisation chez les enfants et pour que se forme un sentiment d'appartenance. Cette mission de l'école est aussi importante que celle qui consiste à transmettre des connaissances.

Certaines écoles réussissent facilement à créer un climat où il fait bon vivre. À preuve, les vives protestations des parents et de la population d'un quartier ou d'un village quand on parle de fermer « leur » école. C'est comme si on arrachait quelque chose d'essentiel à leur réseau social.

Comment se manifeste le sentiment d'appartenance de l'enfant à son école ou quels sont les indices révélateurs de cette appartenance ? Le premier indice est un sentiment de bien-être et de détente de l'élève lorsqu'il est à l'école. L'enfant a hâte d'y aller et, en général, c'est avant tout pour rencontrer ses camarades et côtoyer les adultes qui y travaillent et qu'il aime. Il sent qu'il fait partie d'un groupe qui tire sa valeur de la fréquence et de la qualité des relations de connivence qui s'y tissent, plutôt que de la quantité de ces relations.

L'élève ressent également de la fierté à l'égard de son école. Il en parle souvent et il en vante les mérites. Gare à celui qui ose dénigrer son école ! De plus, il s'y sent responsable et utile. L'enfant est capable de décrire son école selon ses particularités. Cette identification au groupe se produit même dans la petite enfance. Par exemple, il sait qu'il fait partie du groupe des grenouilles, où l'on fait des activités de patinage parce qu'on est grands et que dans son groupe, on verse son lait seul, etc. L'enfant est fier des activités collectives, des expositions, etc.

L'enfant a la conviction qu'il joue un rôle important au sein du groupe, par ses attitudes, et que sa contribution personnelle n'est pas négligeable. Ce sentiment augmente son estime de soi.

Il se sent solidaire des autres et il est prêt à épauler ses compagnons lorsque le groupe fait face à une difficulté. Il participe activement aux activités, aux projets et aux décisions de son groupe d'amis et cela le valorise. Enfin, il respecte généralement l'ameublement et le matériel qui sont mis à la disposition de l'ensemble du groupe.

Certaines écoles savent créer un bon sentiment d'appartenance chez les élèves et les parents. Les parents sentent que l'équipe-école a leur bien-être à cœur ainsi que celui des enfants, et qu'elle collabore autant avec eux qu'avec les administrateurs de la commission scolaire.

Enfin, soulignons que le fait de susciter un sentiment d'appartenance à l'école suppose également qu'on accepte les différences, dont celles que représentent les enfants et les parents d'ethnies diverses. L'école doit être ouverte à la diversité des richesses de l'humanité.

En effet, le phénomène de la multiethnicité est très présent et augmente depuis trois décennies, surtout dans les grandes villes. De plus en plus, nous vivons dans un gros village planétaire et nous sommes reliés constamment aux autres humains par les technologies de communication et d'information, par des moyens de transport efficaces et par la mondialisation du commerce. Nous devons apprendre à vivre avec la diversité ethnique et culturelle. Certaines écoles se sont adaptées à ce changement de clientèle, tandis que d'autres ont très peu modifié leurs pratiques. Il est beaucoup plus sage d'accepter la diversité ethnique que de prétendre qu'elle n'existe pas ou qu'elle n'est pas importante. Les personnes qui ont un esprit d'ouverture, qui ont bien accepté et estimé les immigrants de diverses ethnies, se sont trouvées enrichies sur les plans humain, culturel et social. Dans notre monde constamment déchiré par les guerres, une paix durable suppose un profond respect pour les différences comme pour les ressemblances. Dans cette perspective, l'école a un rôle majeur à jouer pour éduquer l'ensemble de la société.

L'enfant immigrant est porteur d'une double apparte-nance : son ethnie et sa culture. Son ethnie est déterminée par ses ancêtres, tandis que sa culture consiste en un ensem-ble de valeurs, de comportements, d'idées, d'habitudes de vie et de traditions qui sont admises dans une collectivité. Lorsqu'il entre à l'école, l'enfant immigrant a un double défi : s'adapter à l'école et se faire accepter comme enfant ayant des particularités ethniques. L'intégration de l'enfant dans un milieu étranger à sa culture met en évidence son identité culturelle.

Dans certaines écoles, au cours d'activités portant sur l'estime de soi, on demandait aux élèves de se décrire afin de déterminer leur degré de connaissance de soi. Contrairement aux élèves québécois, ceux des minorités se décrivaient en premier par leur ethnie : « Je suis Chilien » ou « Je suis Marocain ». Ceci s'explique en partie par le fait qu'on est plus conscient de notre ethnie au milieu de personnes d'une autre ethnie, mais on n'a pas tendance à y penser quand tout le monde autour de soi est de la même ethnie que la sienne. La conscience de notre différence explique pourquoi toute minorité est consciente d'elle-même par rapport à la majorité.

Nous avons vu au chapitre trois que l'identité permet de se reconnaître comme individu unique et conscient d'être différent des autres. L'enfant immigrant doit acquérir son identité, qui sera teintée de différences ethniques et culturelles. Chaque école doit accepter le caractère unique des enfants, quelles que soient leurs ethnies et leurs dif-férences culturelles. Cela suppose de la souplesse et une acceptation sincère des différences qui enrichissent l'école. Malheureusement, certains milieux scolaires sont réfractai-res à cette ouverture, par insécurité ou par conservatisme, ils s'attendent à ce que les enfants immigrants se conforment à l'ensemble des élèves, qu'ils se moulent à la majorité. Un tel esprit traduit une intolérance aux différences, un refus de l'identité ethnique et culturelle que l'enfant immigrant porte en lui.

Grâce aux relations significatives que l'enfant tisse avec les adultes et les camarades de son école, il adhère graduellement aux valeurs et aux habitudes de vie transmises par le nouveau milieu, tout en conservant son identité ethnique. Cela ne peut se faire que dans un climat d'accueil et d'acceptation des différences. L'enfant parvient ainsi à une identité biculturelle, soit celle de son groupe ethnique et celle de la société qui l'a accueilli. Il vit alors un sentiment d'appartenance à ces deux milieux. Des recherches ont démontré que l'enfant qui affirme ses deux identités culturelles a une meilleure estime de lui-même que celui qui baigne dans une seule culture. Il faut faire preuve d'une grande souplesse adaptative pour alterner entre deux cultures, en modelant son langage et son comportement pour s'adapter au groupe où l'enfant se trouve. Celui ou celle qui est plus marginal et ne vit aucun sentiment d'appartenance à son groupe ethnique ou à son école a une faible estime de soi sociale.

Certaines écoles ont bénéficié de belles initiatives pour accueillir et intégrer les enfants immigrants. On partage un repas avec une nourriture typique de chaque pays d'origine, on invite les enfants immigrants à parler des mœurs et coutumes de leur pays, on fait des expositions thématiques sur les diverses nations, etc. Il est très important que les adultes valorisent ces caractères ethniques et aident les enfants à prendre conscience que ces nouveaux apports enrichissent leurs connaissances et leur culture.

Les écoles doivent accorder une plus grande place aux parents, même si des structures formelles ont été mises en place dans ce but. Elles doivent jouer un rôle actif pour rassembler les parents en fonction des besoins des enfants. Trop de phénomènes nouveaux inquiètent les parents, qui se sentent souvent impuissants. Il suffit de penser aux gangs de rue, à l'intimidation, à la violence dans les autobus scolaires, etc. Trop d'écoles font l'autruche et se coupent de ces réalités qui nuisent tellement au développement des enfants. C'est le parent qui a la responsabilité légale de son enfant. Mais l'école doit se faire un devoir de conscientiser ou d'alerter les parents quand des éléments sont préjudiciables au bien-être des jeunes. Les parents et les intervenants scolaires doivent collaborer de façon concrète, avec l'apport d'organismes communautaires, pour mettre en place des moyens concrets et réduire les problèmes qui compromettent l'estime de soi et l'avenir des enfants. Il est essentiel que les parents et l'école se responsabilisent davantage pour prendre en charge et sécuriser nos enfants, dans le respect des responsabilités respectives. Les parents et les intervenants scolaires ont beaucoup plus de pouvoir qu'ils ne le pensent.

Le groupe d'amis

La pensée logique, qui fait son apparition vers l'âge de 7 ou 8 ans, fait éclater une bonne part de l'égocentrisme enfantin. Dorénavant, l'enfant a accès à la réciprocité des points de vue, ce qui est la base de l'empathie. N'étant plus uniquement centré sur la satisfaction de ses désirs, il peut tenir compte des sentiments, des opinions et du point de vue de l'autre. Cette nouvelle capacité ouvre la porte à une véritable coopération. L'enfant peut nouer des relations plus stables et électives à l'intérieur du groupe. En même temps, il peut développer un sentiment d'appartenance à sa collectivité et il est en mesure de saisir les relations logiques et causales entre ses actions et leurs conséquences sur la vie du groupe. Par exemple, dans un travail d'équipe, ses compagnons peuvent lui dire : « On ne peut remettre notre travail de recherche à temps, parce que tu n'as pas terminé les illustrations qu'on t'avait demandé de faire », ou dans une situation plus positive : « Tu t'es bien engagé dans la partie, tu as compté un but important et tu n'as pas eu de punitions inutiles, c'est une des raisons pour lesquelles on a gagné ». Il lui est donc possible d'ajuster ses apports en fonction d'un objectif collectif. Sa conscience sociale se développe.

L'enfant a besoin de telles interactions avec les camarades. Sur le plan affectif, il a besoin d'eux comme modèles. Il acquiert plusieurs comportements nouveaux en observant et en imitant les autres. Il se compare constamment à ses camarades pour évaluer ses habiletés, ses forces et ses limites. Il peut ainsi reconnaître ses propres capacités, ce qui constitue l'une des bases de l'estime de soi. On ne peut imaginer le développement d'une bonne estime de soi chez un enfant qui ne manifeste aucune compétence ou habileté dans tous les domaines de sa vie : académique, sportif, social, etc. Le parent doit jouer le gardien de l'estime de soi chez son enfant en l'aidant à identifier et à reconnaître ses points forts, ses habiletés plus ou moins exprimées, et en appuyant cette reconnaissance d'exemples concrets. L'enfant doute souvent des jugements de ses père et mère, qui ne sont pas crédibles à ses yeux à cause de leur attachement inconditionnel.

Il peut se faire cette remarque : « Tu vois en moi des qualités ou des talents parce que tu es ma mère ! » C'est la raison pour laquelle il est important que l'enfant prenne conscience que ses qualités soient validées également par des adultes qu'il apprécie ou par des camarades de son groupe. Durant la période qui s'échelonne de 6 à 12 ans, l'enfant est très industrieux, tout un monde d'apprentissage lui est offert. Selon Erik H. Erikson[8] (1966), devant la grande quantité de connaissances à maîtriser, abstraites ou concrètes, le problème est de parvenir à être compétent, et surtout, à éviter un sentiment d'infériorité relié à l'échec. Si un enfant ne maîtrise pas les connaissances ou les habiletés techniques comme ses camarades, il se sentira inférieur.

---

8. ERIKSON, E.H. *Op. cit.*

Par contre, l'estime de soi est dynamique et variable. Par exemple, un enfant peut se sentir inférieur aux autres dans certaines activités et se percevoir à la hauteur de ses amis dans d'autres. L'enfant doit être réaliste et conscient des possibilités d'échec, sans toutefois remettre en cause sa valeur personnelle.

L'estime de soi à cet âge est comme le reflet d'un miroir quant au sentiment de popularité et d'approbation par les camarades : plus l'enfant perçoit qu'il est l'objet d'un jugement favorable par ses amis, plus cela augmente l'estime de lui-même.

Durant cette période, l'enfant développe un sentiment d'appartenance à un groupe par le biais d'activités communes et partagées. Aux valeurs transmises par ses parents, il ajoute celles de son groupe. Il est soucieux de se faire accepter par les autres en tant qu'individu pouvant apporter sa contribution personnelle. Il respecte les règles du groupe et il évite d'être rejeté par ses camarades. Ce sont les valeurs, les règles, les activités choisies et le sentiment d'être accepté et apprécié qui constituent les ingrédients du sentiment d'appartenance de l'enfant à son groupe. C'est ce sentiment qui explique en partie la résistance du jeune à déménager ou à changer d'école ou de quartier. Le groupe d'amis devient pour l'enfant une sorte de refuge où il trouve sécurité et valorisation. Lorsque l'esprit de clan est très fort, il peut aller jusqu'à entraîner le rejet des camarades qui n'en partagent pas les règles et les activités. Intégrer un groupe n'est pas facile, surtout quand l'enfant arrive d'un autre milieu. Son nouveau groupe est comme un train qui roule sans lui depuis un certain temps. Pour l'attraper, il doit courir assez rapidement. Mais il faut tout de même qu'on lui ouvre une porte du train pour qu'il puisse y entrer. Sans cette ouverture, il risque de courir longtemps sur la voie ferrée. Quand l'esprit de clan est trop hermétique, il empêche l'apport d'éléments nouveaux. Certains enfants se retrouvent isolés et restent en périphérie du groupe.

Dans un bon groupe, les jeunes se distribuent les rôles et cette pratique est généralement mise en place et coordonnée par un ou une leader. Tout un cérémonial préside aux préparatifs d'un jeu collectif ou d'une activité commune. Les règles admises par l'ensemble ont force de loi. Tout enfant qui ne les respecte pas ou qui triche est rejeté du groupe. Seuls les résultats comptent. La compétition est implacable. Les efforts de chaque participant sont beaucoup moins valorisés que les résultats positifs qui en résultent pour le groupe.

Entre 6 et 10 ans, on assiste à une ségrégation sexuelle. Les filles et les garçons ont tendance à se lier plus spontanément avec des jeunes du même sexe. Les recherches dans ce domaine démontrent qu'il y a moins de solidarité et de cohésion dans les groupes de filles, qui sont généralement moins hiérarchisés et moins organisés que ceux des garçons. Les filles, par contre, valorisent plus que les garçons les compétences relationnelles et les capacités de dialogue et d'empathie. Les garçons accordent beaucoup plus d'importance aux compétences techniques et à la compétition.

L'image que l'enfant se fait de lui-même ou la confiance qu'il a en ses habiletés sociales conditionne en grande partie son adhésion à un groupe. Inversement, l'opinion du groupe à son égard influence beaucoup son comportement social.

Le groupe est un milieu éducatif très puissant. Il prolonge et complète les habiletés sociales que les parents ont transmises à leurs enfants. Les camarades ont souvent plus d'influence que les adultes sur l'apprentissage. Ainsi, l'école est un des lieux privilégiés sur l'apprentissage de la socialisation. L'enfant y apprend à se faire une place au sein d'un groupe. Il devient de plus en plus habile à se faire des amis et à régler des conflits. Il apprend à s'adapter aux règles, à gagner et à perdre, à parler et à s'affirmer, à assumer des responsabilités envers et avec le groupe.

Dans ses relations avec les autres, l'enfant apprend à comprendre et à accepter les différences entre les individus en ce qui a trait à la couleur de la peau, à la langue, aux défauts, aux qualités, etc. Grâce à la vie de groupe, il apprend également à socialiser ses pulsions et à mettre ses habiletés particulières au service de la collectivité.

Au contact des parents et des enseignants

L'attitude des parents et des enseignants a une influence directe sur le processus de socialisation des jeunes. À leur contact, ces derniers apprennent à s'ouvrir aux autres, à accepter les différences, à pratiquer la tolérance et la confiance, ainsi qu'à régler seuls la plupart des conflits de groupe ; cela leur donne le goût d'aller vers les autres et de s'affirmer positivement. Quand des enfants prennent des moyens inadéquats pour s'adapter au groupe, la violence par exemple, les adultes doivent suggérer des attitudes qui concordent plus avec les valeurs de démocratie, de négociation et de partage. En vertu d'un principe de cohérence, les adultes doivent être les premiers à vivre concrètement ces valeurs pour être des témoins crédibles et des modèles d'identification aux yeux des enfants.

Lorsqu'on surprotège un enfant, on lui envoie le message suivant : « Je crois que tu es incapable de faire face à la musique et que tu es trop faible. Je dois donc le faire à ta place. » L'enfant en arrive à penser qu'il doit constamment attendre des solutions de l'extérieur et qu'il ne peut s'intégrer à un groupe par ses propres moyens. Quand un enfant est maladroit dans ses contacts ou rejeté du groupe, il faut l'accueillir dans l'expression de ses sentiments. L'adulte doit l'aider à se recentrer sur ses forces et à trouver des moyens pour résoudre les conflits et s'adapter. Cet enfant a surtout besoin de s'affirmer en se faisant respecter et l'adulte doit le guider en ce sens. Il est également important que l'adulte mette en évidence les qualités et les forces d'un tel enfant, et l'enseignant doit signifier clairement aux jeunes que par respect pour les autres, ils ne doivent rejeter personne.

Il est nocif de toujours fournir des excuses aux enfants. Cela ne les aide pas à se percevoir de façon réaliste, à se poser des questions sur leurs propres comportements et à rechercher activement des stratégies sociales efficaces.

Les adultes qui ont eux-mêmes de la difficulté à faire confiance aux autres, à avoir du plaisir en groupe ou à garder des amis auront de la difficulté à aider leur enfant à se faire une vie sociale. L'enfant apprend par imitation et par identification aux personnes qui sont significatives pour lui. Voilà encore une occasion qu'ont les adultes de s'améliorer eux-mêmes !

La générosité et l'entraide sont des valeurs essentielles dans les rapports sociaux agréables et réciproques. L'enfant qui a l'intelligence du cœur manifeste spontanément de la générosité en donnant ou en partageant. Un tel comportement le rend attirant pour ses camarades. Ceux-ci ont alors tendance à le percevoir d'un bon œil, ce qui le protège contre le rejet ou l'isolement. Il faut donc stimuler et valoriser les gestes de générosité, pour que les enfants adoptent de façon générale cette attitude.

Apprendre la générosité aux enfants les aide à s'insérer dans la société et à développer une bonne image d'eux-mêmes. Les gestes gratuits, l'entraide et la compassion font qu'on se sent « bon » à l'intérieur de soi. En habituant un enfant à rendre service, on lui fait prendre conscience des relations entre les humains et on lui fait vivre le bonheur de donner.

■ Socialisation et appartenance

Toute personne a un besoin fondamental de socialiser, de vivre un sentiment d'appartenance à un groupe et d'avoir un compagnon ou une compagne ainsi que des amis. Échanger, faire des choses concrètes avec d'autres, rire, chanter, tout cela procure un sentiment de complétude et rend heureux. Dans l'adversité, les amis sont de notre côté et nous protègent contre la solitude. Être aimé et apprécié, cela nous aide à faire face à bien des situations. Ce que les autres nous disent, la façon dont ils nous regardent et nous écoutent, bref la façon dont ils nous considèrent, tout cela nous aide à nous définir et nous donne le goût de nous améliorer. Le sentiment d'appartenance joue un rôle d'antidote au sentiment de solitude sociale.

Malgré la multitude de moyens de communication qui caractérisent notre époque, il n'y a jamais eu autant de solitude chez les adultes et les enfants. Ce paradoxe s'explique par le fait que la société actuelle nous invite à entrer en contact avec beaucoup de gens, plutôt qu'à établir des relations significatives.

Les relations significatives transcendent le temps et l'espace. Si on vit une solide amitié avec une personne, on porte toujours en soi son souvenir. Tant que le souvenir d'une personne est vivace, on reste en relation significative avec elle. Des relations d'amitié stables et durables constituent un réseau relationnel auquel on peut toujours se rattacher et qui alimente notre sentiment d'appartenance à un groupe.

L'estime de soi sociale ou la valeur qu'une personne s'attribue sur le plan social se développe par la socialisation et se concrétise par l'appartenance à un groupe. Suis-je important aux yeux des autres ? Les autres sont-ils importants à mes yeux ? Quelle est la valeur que je me donne dans ma famille, dans mon groupe d'amis, dans mon équipe de travail ? Toutes ces questions sont reliées à l'estime de soi sociale. La personne qui considère que sa présence au sein d'un groupe n'a pas d'importance ou ne change rien au groupe estime en fait qu'elle compte peu pour les autres. Il est probable qu'elle vit un sentiment de solitude. Elle a certainement besoin d'améliorer son estime d'elle-même sur le plan social et de vivre un sentiment d'appartenance.

Les signes observables d'un sentiment d'appartenance chez l'enfant

L'enfant qui vit un bon sentiment d'appartenance à un groupe manifeste la majorité des attitudes et des comportements suivants :

- Il cherche activement la présence des autres ;
- Il est détendu lorsqu'il est en groupe ;
- Il communique facilement avec les autres ;
- Il retient bien les slogans, les chants de ralliement, etc. ;
- il est sensible aux autres ;

- Il est capable de générosité ;
- Il est capable de partage et d'entraide ;
- Il suggère, à l'occasion, des idées pouvant servir au groupe ;
- Il assume de petites responsabilités dans le groupe ;
- Il parle de ses amis ou du groupe à la maison ;
- Il est capable d'appliquer des stratégies pour résoudre des problèmes sociaux.

Les attitudes parentales favorisant un sentiment d'appartenance

- Être un modèle de sensibilité aux autres, de partage et de générosité ;
- Promouvoir la justice et l'équité dans la famille ;
- Planifier des activités familiales, sources de plaisir ;
- Cultiver la fierté d'appartenir à la famille ;
- Confier de petites responsabilités aux enfants et les valoriser pour leurs contributions à l'ensemble de la famille ;
- Imposer un climat de respect entre les membres de la famille ;
- Encourager les enfants à être sensibles à la dimension sociale ;
- Encourager les enfants à être généreux et à pratiquer le partage et l'entraide ;
- Inviter les amis de vos enfants à la maison ;
- Suggérer des stratégies de résolution de problèmes sociaux ;
- Donner des rétroactions positives sur les habiletés sociales ;
- Participer comme bénévole à certaines activités du milieu de garde et de l'école.

Il y a certainement d'autres attitudes que les parents peuvent adopter pour aider l'enfant à reconnaître qu'il a de la valeur aux yeux des autres et que la famille ou le groupe a de l'importance pour lui.

CHAPITRE 5

Favoriser un sentiment de compétence

Les rêves des parents

Tout parent désire que son enfant soit bien préparé pour affronter l'avenir. Ce rêve légitime et nécessaire prend forme avant même que le bébé naisse. Durant la grossesse, les futurs parents s'imaginent leur futur enfant. Chacun perçoit l'avenir à sa manière : l'enfant sera beau, intelligent, sociable, agréable, et il apprendra facilement. Cette image idyllique ressemble souvent à l'enfant qu'on aurait voulu être, relevant du désir inconscient de réparer les lacunes réelles ou imaginaires de sa propre enfance. Par ailleurs, le parent peut, par projection de soi-même, désirer que son futur enfant maîtrise les mêmes qualités physiques, intellectuelles et sociales qu'il se reconnaît et qui le valorisent. Tous ces rêves projetés sur le futur bébé prennent la forme d'un enfant rêvé.

Cependant, tandis que le parent évoque ces images idéales de l'enfant à venir, il ressent tout autant de craintes. Comme nous vivons dans une époque de bouleversements, les parents et l'enfant n'y échappent pas. L'incertitude du monde à venir inquiète le parent. Nos sociétés offrent peu de modèles stables sur lesquels s'appuyer. Ce monde en mutation remet en question de nombreuses valeurs et habitudes de vie. Le néolibéralisme, la mondialisation des marchés et la compétition féroce sont autant de phénomènes qui engendrent de l'insécurité économique et qui inquiètent des parents rêvant que leur enfant soit le mieux préparé possible pour faire face aux défis du futur.

Ainsi, chaque enfant est attendu avec un mélange de rêves et de craintes. Or, celui ou celle qui vient au monde, c'est un enfant réel, avec son rythme de développement, ses caractéristiques propres et une grande vulnérabilité. De tous les mammifères, le bébé humain est le plus vulnérable et le plus dépendant de son entourage. Dès sa naissance, une longue histoire d'apprentissages débute. C'est la quête de l'autonomie.

Au fur et à mesure que l'enfant se développe, les parents risquent de vivre de la déception par rapport à l'enfant rêvé. Le rythme d'apprentissage du tout-petit ne concorde pas nécessairement avec les attentes élevées des parents. Or, un stress de performance peut naître très tôt si l'enfant, pour obtenir l'approbation du parent qu'il aime, se sent contraint d'apprendre de façon précoce des choses qui ne touchent pas ses intérêts.

Le parent sensible et respectueux du caractère unique de son enfant fait le deuil de l'enfant rêvé et laisse vivre l'enfant réel. L'adulte abandonne ce qu'il voudrait que l'enfant soit pour aimer ce que l'enfant est réellement.

Il faut tout de même avoir des attentes face à son enfant pour éviter qu'il ou elle soit passif, dépendant et se dévalorise. Si un parent se montre indifférent à ce que son enfant apprend, ou s'il ne l'encourage pas à relever des défis, il donne l'impression à l'enfant d'être incompétent. Cependant, ces attentes du parent doivent être réalistes, c'est-à-dire adaptées au rythme et au niveau de développement de l'enfant. Si tel n'est pas le cas, si les ambitions du parent sont trop élevées, l'enfant risque fort de vivre du stress de performance et des échecs qui réduiront son estime de soi.

Des parents qui se sentent impuissants

Ce n'est pas à l'école qu'un individu acquiert la majorité de ses connaissances. En effet, un grand pédagogue américain, Benjamin Bloom, a démontré qu'un individu acquiert environ 80 % de ses connaissances en dehors de l'école. Lorsque le petit entre en maternelle, il possède déjà tout un bagage de connaissances qu'il doit à ses parents en grande partie. Il maîtrise des connaissances parfois très complexes, dont celle du langage oral, qui s'acquièrent simplement par le lien entre enfant et parents. Cette relation constitue l'essence même de l'estime de soi chez le petit. Quand l'enfant perçoit qu'il est réellement aimé, il en conclut qu'il est aimable et que, par conséquent, il a une valeur. L'estime de soi est également nécessaire pour anticiper le succès de ses entreprises. De plus, les connaissances revêtent une grande signification lorsque leur apprentissage est réalisé dans le cadre d'un lien d'affection.

La majorité des parents savent guider leurs petits dans leurs apprentissages préscolaires. Mais certains se sentent moins compétents ou moins habiles à soutenir leur enfant dans son cheminement scolaire.

Une fois les enfants à l'école, ce ne sont plus les parents qui leur enseignent. Alors, bien des parents cessent de se sentir concernés puisqu'ils ne partagent pas la motivation, les tâtonnements et l'ensemble du processus d'apprentissage de leur enfant en classe. À vrai dire, ils se sentent d'autant plus exclus du cheminement scolaire qu'ils ne comprennent pas les programmes et, surtout, les méthodes d'enseignement. Ces parents se sentent alors impuissants à aider leurs enfants.

L'enfant se développe de façon globale, mais dans le cadre scolaire, les parents se rendent rapidement compte que chaque matière est abordée par le biais d'une série d'objectifs. Plusieurs d'entre eux ne s'y retrouvent pas. Et l'enfant, contrairement à ses premières années de vie, doit intégrer des connaissances et des habiletés dans un laps de temps limité par l'échéance des examens. Si un enfant ne sait pas marcher à un an, on ne lui fait pas reprendre son année. Mais il en va tout autrement s'il ne parvient pas, à la fin de sa première année scolaire, à faire une addition simple, 2 + 2 par exemple. Le régime pédagogique suit rarement les lois du développement de l'enfant.

Vers un sentiment de compétence

Pour vivre un sentiment de compétence, l'enfant ou l'adolescent doit se fixer des objectifs personnels dans les différentes matières. Le sentiment de compétence se définit comme étant l'intériorisation et la conservation des souvenirs de ses expériences d'efficacité et de succès personnels dans l'atteinte de ces objectifs. Ce sentiment se manifeste par une motivation profonde à poursuivre des buts personnels et par une conviction intime d'être capable de relever des défis et d'acquérir différentes connaissances. Un tel sentiment n'arrive pas par magie. Il se développe au cours des années, après de multiples expériences de réussite dans l'atteinte d'objectifs. Il y a deux étapes préalables à l'apparition durable d'un réel sentiment de compétence. Avant 7 ou 8 ans, l'enfant vit un sentiment de réussite surtout en se centrant sur le résultat ou le produit final. Il est important de souligner que souvent les jeunes enfants exercent des actions sur des médiums uniquement pour le plaisir d'agir sans anticiper le résultat. Ils aiment beaucoup explorer et constater les effets de leurs actions sur les objets. Les jeunes enfants d'âge préscolaire se centrent sur un seul aspect à la fois : ou bien sur l'action en cours, pour le simple plaisir de faire, ou bien sur le résultat. Leur pensée n'est pas assez développée pour coordonner actions et résultat de façon logique. La pensée est encore prélogique et magique, et le jeune enfant établit peu de relations causales entre ses attitudes, ses stratégies (ou façons de faire) et les résultats qu'il obtient. Pour lui, seul compte le produit final ou le résultat. Par exemple, le jeune enfant a pour but de réaliser une fleur en papier de soie. À la fin de sa production, il se dit : « Je voulais faire une fleur, je l'ai réalisée, je suis fier de moi ! » L'enfant ne fait pas de liens logiques et de causalité entre les étapes qu'il a suivies, les moyens et outils qu'il a utilisés et le produit final. D'ailleurs, il est peu motivé à faire ces liens, d'autant plus que sa capacité d'autoévaluer ses actions est réduite. Par contre, il est important de souligner que ses réussites augmentent sa motivation pour d'autres projets si les adultes de son entourage l'amènent à prendre conscience de ses bons coups en lui parlant à haute voix de ses succès. L'enfant devient conscient qu'il fait de bonnes choses, ce qui lui permet d'être motivé pour relever d'autres défis.

Après avoir eu des sentiments de réussite centrés sur le résultat final, l'enfant doit vivre l'étape préalable au sentiment de compétence, soit le sentiment d'efficacité. Celui-ci se caractérise par un sentiment de valorisation personnelle qui résulte d'une juste perception des relations logiques et causales entre les attitudes adoptées, les stratégies utilisées et le succès dans l'atteinte d'un résultat. L'enfant connaît ce sentiment d'efficacité quand il devient conscient que le résultat n'a pas été obtenu par magie, mais bien comme l'aboutissement d'une démarche. On peut même résumer par une équation logique la démarche d'exécution de l'enfant et le résultat qu'il en obtient quand on lui propose un objectif adapté à son niveau de développement et à son rythme d'apprentissage.

L'équation logique des apprentissages

Attitudes
(attention, motivation, autonomie, responsabilité)
+
Stratégies (moyens ou façons de faire)
=
Résultat (succès ou échec dans l'atteinte de l'objectif)

Processus ou démarche d'apprentissage

Trop d'enfants, et même certains adultes, ignorent qu'ils ont un pouvoir personnel sur leur démarche et sur le résultat. Ils perçoivent souvent le résultat comme étant magique, sans prendre conscience du fait que ce résultat constitue la suite logique d'une démarche sur laquelle ils peuvent agir. Le résultat est trop souvent perçu comme étant l'effet de la chance ou de la malchance, à cause des autres personnes ou des circonstances. Un enfant vit soit du stress de performance, soit un sentiment d'impuissance s'il se centre uniquement sur le résultat sans être conscient que ce résultat est l'aboutissement logique de ses attitudes et de ses stratégies, qu'il a le pouvoir d'améliorer. Son stress de performance devient encore plus élevé si l'enfant est convaincu que l'on juge de sa valeur uniquement par les résultats qu'il obtient. Si ces derniers sont perçus comme des échecs, l'enfant en retire des sentiments de dévalorisation, ce qui affecte l'estime de lui-même.

Des objectifs réalistes

Il y a un leitmotiv qui revient constamment en pédago-gie : les défis d'apprentissage qu'on propose doivent être conformes aux capacités des enfants concernés, ils doivent être adaptés à leur niveau de développement et être en concordance avec leur rythme de développement. L'enfant qui échoue parce que l'objectif fixé est trop élevé ou parce que la cadence d'apprentissage est trop rapide ne connaît pas le plaisir ; il est démotivé et dévalorisé.

Tout tient dans le dosage de l'objectif. Quand celui-ci est bien adapté aux capacités de l'enfant et que ce dernier utilise des stratégies efficaces, il peut surmonter des obstacles, apprendre de nouvelles choses et en retirer des sentiments d'efficacité et de valorisation. Le dosage de l'objectif est bénéfique quand il y a un écart significatif entre les capa-cités de l'enfant et l'objectif à atteindre. Par exemple, si on propose à un enfant une activité trop facile pour lui et qu'il juge répétitive, il en retire un sentiment d'ennui et une baisse d'estime de soi, car il déduit qu'on ne le juge pas assez compétent pour réaliser une tâche plus difficile. Si au contraire on lui impose un objectif trop complexe, et qu'il ne maîtrise pas les préalables et les capacités pour réussir l'activité, il vit un échec et un sentiment de dévalorisation, et conséquemment une baisse d'estime de soi.

Un objectif profite à l'enfant quand il y a un écart significatif et stimulant entre ses compétences acquises et le résultat à obtenir. Cela se produit quand la tâche est susceptible de lui faire vivre un succès. Il n'y a pas de loi pour déterminer le bon dosage d'un objectif pour un enfant. Pour lui proposer un défi réaliste, il faut une bonne connaissance de ses capacités, de son rythme, ainsi qu'une judicieuse évaluation de la complexité de l'objectif.

Les objectifs sont efficaces quand le défi qu'ils suscitent correspond aux intérêts et aux ambitions de l'enfant. Celui-ci doit aimer le contenu de l'activité et percevoir l'objectif comme un défi qui le fera avancer dans un domaine qui le passionne. Alors, la motivation de l'enfant est intrinsèque.

Un objectif réaliste représente un équilibre entre une trop grande difficulté et une trop grande facilité. Il doit répondre aux critères suivants :

- **Être concevable :** l'enfant doit être capable de déterminer clairement l'objectif et de distinguer les différentes étapes à franchir pour l'atteindre.

- **Être crédible :** l'objectif doit être lié à un système de valeurs personnel pour qu'on ait la certitude de pouvoir l'atteindre.

- **Être réalisable :** l'enfant doit pouvoir atteindre cet objectif avec ses propres forces, ses habiletés et ses capacités.

- **Être contrôlable :** il faut pouvoir obtenir la collaboration d'une autre personne si nécessaire.

- **Être mesurable:** l'objectif doit être mesurable en temps et en énergie dépensée.
- **Être désirable:** l'enfant doit désirer l'atteindre.
- **Être clair:** l'objectif doit être précis et sans ambiguïté.
- **Être constructif:** l'objectif doit permettre une croissance personnelle et servir aux autres.

En général, les enfants aiment relever des défis. Pour que leurs tentatives soient fructueuses, l'objectif qu'on leur propose doit être réaliste, simple, limité dans le temps et réalisable en suivant une démarche qui comporte différentes étapes.

Des attitudes pour apprendre

Durant son développement et particulièrement durant sa petite enfance, l'enfant doit acquérir les bases des attitudes préalables aux apprentissages scolaires. Chez l'enfant d'âge préscolaire, ces attitudes se développent surtout par le jeu. Les activités ludiques des jeunes enfants se regroupent en cinq catégories: d'exploration, moteurs ou d'exercice, symboliques, de construction et de règles. Les jeux moteurs sont très importants pour le développement neuromoteur et l'exercice des fonctions de motricité globale, de coordination, de dissociation, de tonicité musculaire, d'équilibre statique et dynamique, de freinage des mouvements, etc. Par les jeux d'exploration, le jeune enfant développe une curiosité en action. Selon les gestes qu'il fait, il découvre les propriétés des objets: sonorité, profondeur, texture, densité, etc. Il établit également les premières relations de cause à effet (action-réaction) en prenant conscience de l'impact de ses gestes sur les objets de son environnement.

Quelques années plus tard, cette curiosité en action se transformera en curiosité intellectuelle. Avec l'apparition de la représentation mentale, le jeune enfant découvre le pouvoir de représenter quelque chose par autre chose, par des signifiants ou des symboles. Ces derniers ouvrent la porte à un autre univers en l'amenant à dépasser les réalités immédiates. Plus l'enfant utilise une variété de symboles, plus son imaginaire s'enrichit tout en le préparant à l'école puisque les symboles se transforment en signes (lettres et chiffres). Au cours des jeux de construction, l'enfant peut développer la coordination visuomotrice, la motricité fine, l'organisation spatiale, la discrimination perceptive, le freinage de ses gestes, etc. Dans les jeux de règles, l'enfant d'âge préscolaire apprend à bien percevoir et à exécuter des consignes, à tenir compte des autres, à attendre son tour et à suivre une démarche.

Les deux bases de l'apprentissage sont le jeu et l'imitation (des adultes et des camarades). Grâce aux activités ludiques, l'enfant intègre une multitude d'habiletés et c'est en ce sens que Piaget affirma que le jeu constitue la route royale de l'apprentissage (1969). C'est grâce au jeu et à l'imitation que l'enfant développe les outils essentiels pour intégrer les matières scolaires. Mais durant cette intégration d'habiletés, l'enfant doit également développer certaines attitudes de base nécessaires pour apprendre. Ces attitudes (attention, motivation, autonomie et responsabilité) doivent commencer à se développer avant le début de l'école pour rendre l'enfant prêt à apprendre et elles doivent être présentes tout au long de son parcours scolaire.

L'attention: cette attitude est primordiale puisqu'elle permet d'intégrer des informations à partir desquelles l'apprentissage se fera. L'attention est un processus de fixation, de sélection et de renforcement permettant à l'enfant de choisir les informations nécessaires pour percevoir et exécuter une activité. Ainsi, face à une tâche nécessitant de l'attention, l'enfant doit apprendre à repérer les informations pertinentes puis à sélectionner les plus importantes pour accomplir une activité ou répondre à une question. Soulignons que tous les enfants sont attentifs, mais pas en même temps et pas toujours envers la même chose. Étant donné qu'à l'école, on s'adresse surtout au groupe, les intervenants scolaires s'attendent parfois à ce que tous les enfants soient attentifs en même temps à leurs consignes ou à leurs explications. Il s'agit d'une attente irréaliste, car les enfants ne sont pas tous pareils, ils ne sont pas motivés également et ils n'ont pas tous la même capacité d'attention et de concentration.

Pour apprendre, l'enfant doit développer sa capacité d'attention sélective, c'est-à-dire qu'il doit choisir les bonnes informations. En effet, l'enfant doit filtrer, éliminer ou repousser les renseignements qui ne sont pas nécessaires. Cette capacité peut se développer durant toute l'enfance et même à l'âge adulte, mais elle s'acquiert plus facilement quand la personne est motivée par le contenu et l'objectif de l'activité, et quand on lui propose un défi signifiant et à sa mesure.

Plus un enfant est jeune, moins sa capacité d'attention est grande. Certains sont capables d'une attention de qualité, mais durant cinq minutes. Le problème tient à la persévérance de l'attention et aux chutes de vigilance. La capacité de soutenir l'attention se développe avec le temps. Plus un enfant est petit, moins il a de vigilance. Cette difficulté à soutenir l'attention sélective peut être reliée à une faible motivation, à de la fatigabilité, à un manque de sommeil ou tout simplement au fait que l'enfant n'a pas mangé avant de venir à l'école. Il est important de satisfaire les besoins de l'enfant et de présenter graduellement les tâches et les difficultés. On parle alors de micrograduer les activités.

L'attention sélective peut être développée par des stratégies de filtrage des stimuli, de convergence de la perception et de la pensée dirigée vers l'essentiel de l'activité proposée. Au préalable, l'enfant doit comprendre la nature de l'attention sélective. La majorité des enfants, même jusqu'à 10 ou 12 ans, définissent l'attention par des attitudes corporelles : « C'est regarder l'enseignant, c'est se tenir droit ». Ou de comportement : « C'est de ne pas parler aux autres, c'est de ne pas regarder dehors ». Ils ne sont pas conscients qu'il s'agit d'une opération mentale de sélection qu'ils peuvent améliorer s'ils sont motivés et s'ils utilisent des stratégies de filtrage des stimuli qu'ils découvrent par eux-mêmes ou qu'on leur propose. Les enfants doivent savoir qu'ils ont le pouvoir d'agir sur leur capacité d'attention, d'abord en étant conscients de la nature de l'attention, et ensuite en utilisant des stratégies pertinentes.

Quand l'enfant parvient à mieux contrôler son attention sélective, il est disposé à vivre des succès. Il en dégage un sentiment de fierté qui augmente sa propre estime.

La motivation

La motivation – ce qui incite une personne à accomplir une tâche ou à atteindre un objectif correspondant à un besoin – est faite de désir et de volonté. Autrement dit, c'est un ensemble de forces qui poussent un individu à agir.

On peut dire aussi de la motivation que c'est l'anticipation du plaisir ou de l'utilité d'une tâche à accomplir. Il est difficile, par exemple, d'être motivé quand on nous propose de faire une partie d'échecs et que cette activité nous déplaît. Le même phénomène se produit dans le cas d'une tâche à accomplir. En effet, la motivation est inexistante si l'on juge, par exemple, que de mettre de l'ordre dans son bureau n'est utile ni pour le travail ni pour son bien-être.

À la source de la motivation

Cette capacité d'anticipation se développe graduellement. Elle naît chez le tout-petit lorsqu'on lui fait vivre des délais entre ses désirs et leur satisfaction. Encore faut-il que l'on donne à l'enfant l'occasion d'anticiper. En effet, si on satisfait immédiatement son moindre désir, on ne lui donne pas la chance de se représenter mentalement l'objet du désir et d'anticiper le plaisir qu'il en retirera. Par conséquent, on ne favorise pas sa motivation. En vivant un délai, de même que la frustration qui y est liée, l'enfant apprend peu à peu que son attente est généralement suivie par une satisfaction. Il peut se permettre d'espérer, c'est-à-dire d'être motivé. Pour cela, il est important que l'adulte tienne ses promesses, par exemple s'il a fait savoir à l'enfant qu'il irait au cinéma avec lui. En répétant des promesses tenues après des moments d'attente « raisonnables », c'est-à-dire dont la longueur n'émousse pas la motivation, le parent apprend à l'enfant à anticiper un plaisir à venir. Il est alors perçu comme fiable ou digne de confiance.

La vie comporte inévitablement des attentes et des frustrations. L'enfant doit apprendre à les accepter en se fiant à sa motivation intérieure qui lui fournit l'énergie dont il a besoin pour poursuivre ses objectifs.

La motivation scolaire commence bien avant le début de l'école. En effet, la motivation à faire des activités mentales prend d'abord sa source dans le milieu familial. On sait qu'un enfant, avant l'âge de 6 ans, a un comportement plutôt verbomoteur. Toutefois, il est intrigué lorsqu'il voit ses parents faire quelque chose qu'il ne fait pas lui-même, par exemple tenir un livre ou une revue pendant de longues minutes. Il se demande ce que peut bien avoir d'intéressant cet objet avec lequel on ne peut même pas jouer ! La curiosité qu'il développe pour les secrets et les activités des adultes est à l'origine de sa motivation pour la lecture, entre autres.

La motivation est contagieuse

Par la relation que l'enfant vit avec ses parents, il adhère généralement à leurs valeurs. Il a aussi la motivation de partager leurs activités, d'abord en les imitant et, plus tard, en s'y identifiant. Selon une recherche faite au Danemark, 82 % des élèves de 6 à 9 ans qui éprouvent des difficultés de lecture viennent de familles qui possèdent moins de dix livres. Si les parents lisent rarement, s'ils n'ont pas de vie intellectuelle et s'ils s'intéressent peu aux activités scolaires de leur enfant, il y a de fortes chances que celui-ci en fasse autant.

De nombreux parents aimeraient insuffler de manière un peu magique une motivation scolaire à leur enfant. Ils risquent fort d'être déçus, car la motivation se cultive et ne s'impose pas. Mais ils peuvent jouer un rôle incitatif dans ce domaine. Pour comprendre ce rôle, il suffit de comparer la motivation à l'appétit ; on ne peut pas forcer un enfant à avoir de l'appétit, mais on peut l'inciter à manger en variant les menus et en lui présentant des petits plats attrayants. De la même manière, on ne peut forcer un enfant à apprendre, mais on peut l'y inciter.

La comparaison entre la motivation et l'appétit permet d'illustrer la grande influence qu'a le climat relationnel sur les activités d'apprentissage. Pensons à la situation suivante : un ami vous invite à prendre un repas avec lui ; vous n'avez pas très faim, mais vous acceptez quand même l'invitation. L'atmosphère est détendue, vous avez du plaisir, le temps passe vite… et votre appétit augmente. À l'inverse, vous pouvez avoir très faim avant le repas et perdre tout appétit parce que des conflits éclatent pendant le repas et que votre estomac se noue.

De la même façon, la motivation de l'enfant pour une activité ne peut qu'augmenter s'il éprouve du plaisir à la faire avec la personne qui l'accompagne. Cela influence grandement la motivation et la qualité de son apprentissage.

Estime de soi et motivation

L'enfant ne peut pas maîtriser des activités motrices, intellectuelles et sociales s'il n'obtient pas de succès au cours de ses expériences. Il doit avoir le sentiment de sa valeur personnelle, être conscient de ses habiletés et, conséquemment, posséder une bonne estime de soi. Cela est à la base de la motivation et du processus d'apprentissage que l'on peut représenter de la manière suivante :

Quand on lui souligne ses succès, l'enfant s'aperçoit qu'il maîtrise des habiletés ou des capacités grâce auxquelles il a obtenu ces résultats positifs. L'enfant ne peut pas être vraiment conscient de ses forces si les adultes de son entourage ne lui en parlent pas de vive voix ou s'il n'arrive pas à les nommer dans son monologue intérieur. En se souvenant de ses succès et de ses compétences dans certains domaines, l'enfant prend foi en lui (estime de soi) et finit par espérer une réussite dans la poursuite d'un objectif qu'on lui propose ou qu'il se choisit. L'atteinte d'un objectif n'étant pas magique, l'enfant doit faire preuve d'autonomie en choisissant une démarche et des stratégies qui lui sont transmises ou qu'il découvre lui-même. L'enfant doit se montrer responsable dans l'engagement et persévérant dans sa démarche et dans la mise en œuvre de ses stratégies. On observe la persévérance si l'enfant bute sur une difficulté. Face à cette dernière, est-ce qu'il abandonne l'activité ? Au contraire, est-ce qu'il modifie ses stratégies ou demande de l'aide pour atteindre son objectif ? Il est important que les adultes encouragent l'enfant à terminer une activité, malgré les difficultés ou les obstacles. Grâce à cette persé-vérance dans sa démarche et en utilisant judicieusement des stratégies, l'enfant vit des succès dans l'atteinte de ses objectifs et il en retire un sentiment d'efficacité et de fierté qui augmente à son tour l'estime de soi.

Les enfants doivent vivre de nombreuses expériences de réussite pour prévenir les problèmes de motivation et d'apprentissage. Pour que cela se réalise, les parents et les enseignants doivent intervenir directement sur les divers éléments qui composent un apprentissage et, en premier lieu, ils doivent favoriser l'estime de soi.

Les facteurs de motivation

De nombreuses études démontrent qu'il existe d'autres facteurs qui influencent la motivation. Ainsi, la conception qu'a l'enfant de l'intelligence joue dans sa motivation. Dans notre société et dans nos écoles, on considère qu'un élève qui réussit bien à l'école est intelligent. Malheureusement, beaucoup de jeunes font l'équation inverse et associent un faible rendement scolaire à un manque d'intelligence.

Pourtant, nombreux sont les élèves intelligents qui ne réussissent pas à fournir un rendement scolaire adéquat à cause de difficultés particulières. Certains font des efforts louables pour améliorer leur rendement mais, n'y parvenant pas, ils se sentent dévalorisés tout en s'apercevant qu'ils déçoivent les adultes de leur entourage. Il arrive également que des adultes, se rendant compte des efforts fournis par les enfants sans qu'il y ait amélioration du rendement, leur laissent entendre plus ou moins explicitement qu'ils ne sont pas doués sur le plan intellectuel.

Bien des jeunes, afin d'éviter ce jugement négatif qui hypothéquerait leur estime d'eux-mêmes, cessent tout simplement de s'intéresser à ce qu'ils doivent apprendre. On dit alors de ces élèves qu'ils sont paresseux et qu'ils réussiraient mieux s'ils travaillaient davantage. Il est moins blessant pour un enfant de se faire traiter de paresseux que d'être considéré comme peu doué intellectuellement.

La conception qu'a l'enfant du but de ses apprentissages influence aussi sa motivation. Nous vivons dans une société où les résultats et le rendement sont de plus en plus valorisés. Ce qui compte le plus, c'est l'efficacité et la rentabilité à court terme. Durant son cheminement scolaire, l'enfant apprend en quelque sorte qu'il est plus important de livrer la marchandise que de s'occuper de son processus de fabrication. Il constate qu'on n'encourage pas les efforts et le plaisir, mais plutôt l'efficacité et les résultats. Cette prise de conscience diminue sa motivation pour le processus d'apprentissage, qui devient presque uniquement extrinsèque. En effet, l'enfant constate qu'il est jugé bon ou mauvais élève selon le rendement qu'il fournit aux examens, peu importe l'énergie et le temps consacrés à son travail durant les semaines précédentes. Il découvre aussi que les évaluations occupent une grande place, au détriment de la démarche d'apprentissage. Sa motivation diminue parce qu'il se sent obligé de produire au maximum, pendant un temps limité, pour le bénéfice de ses parents, des enseignants et des administrateurs scolaires.

En grandissant, l'enfant se rend compte que la qualité de son rendement a de l'importance aux yeux des personnes qui lui sont significatives. Nous abordons ici une autre dimension de l'estime de soi, relative au paraître et au rendement. L'enfant finit par juger de sa valeur selon son apparence et la qualité de ses résultats : « Je vaux selon mon apparence ou selon mon rendement », se dit-il. Cette estime de soi est extrinsèque et dépendante de ses propres exigences et de celles de l'extérieur. Il tend à estimer sa valeur dans chacun des domaines de sa vie, selon ses propres critères ou selon ceux des personnes qu'il juge importantes. L'enfant intériorise les exigences des adultes, il finit par les faire siennes, ce qui peut facilement générer du stress de performance. William James (1890) est le premier psychologue américain à affirmer que le fondement de l'estime de soi tient à la cohésion entre les aspirations ou ambitions, et le succès. Selon cet auteur, l'estime de soi est élevée chez une personne quand, dans un domaine, ses succès égalent ou dépassent son niveau d'ambition. Si les attentes sont trop élevées, tant de la part des personnes significatives de son entourage que de la part de l'enfant lui-même, celui-ci doit nécessairement vivre du succès par rapport à ces exigences élevées pour maintenir son estime de lui-même. On peut comprendre que c'est tout un défi pour l'enfant qui doit gérer un stress de performance. La maîtrise d'habiletés n'est pas suffisante pour l'enfant, il a besoin d'un bon soutien social. L'estime de soi est préservée et augmente même chez l'enfant quand celui-ci manifeste de la compétence dans un domaine jugé important et quand il obtient l'approbation des personnes qui comptent pour lui.

Malheureusement, un enfant peut percevoir que l'attachement du parent est conditionnel à ses résultats. Lorsque le parent juge la valeur de son enfant en fonction de son rendement, celui-ci apprend à désavouer ses désirs et ses sentiments, que le parent ne valorise pas. Une telle attitude incite l'enfant à considérer qu'il n'a une valeur que lorsqu'il se comporte d'une certaine manière ou lorsqu'il manifeste un certain niveau de performance. On retrouve alors un enfant piégé et en désarroi qui déduit qu'il est aimé selon son rendement et non pour ce qu'il est. La base de l'estime de lui-même en est affectée. Il y a tellement d'enfants et d'adolescents dans notre société qui se sentent obligés de fournir un rendement de plus en plus exigeant pour mériter l'approbation et même l'amour des adultes qu'ils aiment. Tout enfant veut se faire aimer, mais certains sentent qu'ils doivent en payer le prix par un rendement de qualité. Toute personne, adulte ou enfant, ne peut répondre aux désirs des autres tout en demeurant authentique vis-à-vis elle-même, et sans affecter son identité.

Des liens avec la vraie vie

Avant l'âge scolaire, l'enfant apprend des choses qui sont essentiellement reliées à ses besoins immédiats. Il utilise régulièrement ses nouvelles habiletés et connaissances dans son environnement. À l'école, il est amené à apprendre des choses qui lui semblent étranges, éloignées de sa vie quotidienne. Par exemple, il ne voit pas d'emblée l'utilité de l'addition, ou de la soustraction avec emprunt. Comme l'adulte, l'enfant n'est pas motivé à accomplir une tâche s'il n'en perçoit pas l'utilité. Les parents ont un grand rôle à jouer à ce chapitre. Il faut amener l'enfant à faire des liens entre ce qu'il apprend à l'école et l'application de ces connaissances dans la vraie vie. C'est là une attitude essentielle pour nourrir la motivation de l'enfant et l'aider à utiliser ses connaissances dans plusieurs domaines.

Une information isolée n'a aucun sens pour l'enfant s'il ne peut la mettre en relation avec des connaissances déjà acquises. Les connaissances deviennent des éléments de formation quand l'enfant peut établir des liens de complémentarité, d'analogie, de similitude entre ces connaissances, ainsi que des relations logiques permettant d'en faire la synthèse. Les échanges verbaux, lors des repas par exemple, sont des moments privilégiés pour faire ces liens. Par exemple, votre enfant vient d'apprendre que c'est Christophe Colomb qui a découvert l'Amérique. Tout en discutant avec lui, vous pouvez lui dire que cet explorateur a d'abord accosté en République dominicaine, là où sa tante a passé ses vacances l'année dernière, qu'il y a un pays en Amérique du Sud qui se nomme Colombie en son honneur, etc. Il y a fort à parier que votre enfant se souviendra toujours de Christophe Colomb et du rôle qu'il a joué en Amérique. Une émission de télévision et une balade en voiture sont d'autres bonnes occasions d'aider l'enfant à faire ce genre de liens.

Tout apprentissage doit avoir un sens. On ne peut demander à quelqu'un de faire une activité sans qu'il en perçoive le but, l'utilité ou la valeur. En procédant autrement, on fait injure à son intelligence et on réduit sa motivation. L'enfant a donc besoin d'être conscient de l'utilité concrète de l'apprentissage qu'on lui propose. Ainsi, il sera beaucoup plus motivé à apprendre les mesures linéaires s'il se rend compte que cet apprentissage lui est utile en menuiserie ou en couture. À ce sujet, il ne faut pas s'attendre à ce que l'enfant découvre par lui-même les relations entre ce qu'il apprend et l'utilité de ces connaissances dans la vie courante. Il faut parfois l'informer de ces relations qui donnent pourtant un sens ou une valeur à l'apprentissage.

Il est très important que le parent joue un rôle de média-teur entre l'enfant et ce qu'il apprend. Cette médiation doit prendre la forme d'un soutien continu pour que l'enfant comprenne la relation entre la réalité et ce qu'il étudie. Par des échanges verbaux, les adultes mettent en relation la nouvelle information avec celle que l'enfant possède déjà ; de la même façon, ils discutent avec lui de ce qu'il vient d'apprendre en faisant des liens entre cet apprentissage et les notions ou habiletés déjà acquises.

L'enfant ne peut intégrer de nouvelles connaissances qu'à partir de ce qu'il sait déjà. La différence fondamentale entre l'élève qui apprend facilement et celui qui éprouve des difficultés réside dans la capacité à faire des relations entre les connaissances anciennes et les nouvelles. Certains enseignants ne consacrent pas assez de temps ni d'énergie à favoriser ces relations qui permettraient à l'élève de situer les connaissances les unes par rapport aux autres et de les intégrer à un ensemble ouvert à d'autres apprentissages. De plus, découvrir ces nouvelles relations est souvent source de motivation pour l'enfant.

Tout comme les parents, les enseignants doivent faire comprendre aux jeunes l'utilité de chaque apprentissage sans se préoccuper des notes du bulletin. Les apprentissages scolaires n'ont de signification qu'en fonction de leurs applications dans des activités concrètes, qu'elles soient actuelles ou futures.

La fin du morcellement des apprentissages et l'élimina-tion d'un bon nombre d'objectifs d'apprentissage dans les programmes sont à l'ordre du jour. Il s'agit là d'une réforme novatrice de l'enseignement.

L'intégration des matières est une clé permettant aux connaissances de se conserver dans le temps. Elle permet à l'enfant de réaliser une synthèse globale et personnelle qui l'ouvre aux découvertes scientifiques et artistiques de notre monde.

L'enfant est plus motivé s'il évalue bien les exigences des activités qu'on lui propose. Certains enfants, en surévaluant les difficultés des tâches auxquelles on les convie, perdent leur motivation, car ils ont peu confiance de pouvoir surmonter ces difficultés. D'autres sous-évaluent la complexité des activités proposées. En les jugeant trop faciles ou trop banales, ils amoindrissent leur motivation. Avoir une bonne perception des exigences d'une activité consiste à être conscient de l'objectif visé ainsi que des attitudes, des étapes et des stratégies nécessaires pour l'atteindre. L'enfant doit également être convaincu qu'il peut s'appuyer sur des habiletés et des connaissances qu'il a déjà. Sa motivation est liée directement à sa perception de la faisabilité de la tâche ou de l'activité.

L'enfant et l'adolescent en viennent à juger de façon réaliste les exigences d'une activité par l'acquisition d'une méthode de travail personnelle. Face à un travail ou à un examen à préparer, la planification et la méthode de travail doivent comprendre les éléments suivants :

- Une juste perception de l'objectif à atteindre ;
- L'anticipation de la succession des étapes à franchir pour réaliser le travail ou pour préparer l'examen ;
- L'anticipation de la durée ou du temps à consacrer à chacune des étapes en fonction de l'échéance ;
- L'anticipation des moyens ou des stratégies à utiliser au cours de chacune des étapes ;
- L'anticipation d'un moyen d'autoévaluation pour atteindre l'objectif.

Cette capacité de planifier et d'organiser un travail en fonction d'un objectif n'apparaît pas soudainement, à l'adolescence. Dès le début de l'école, on doit aider l'enfant à prévoir des étapes et à choisir des moyens avec des petites activités à court terme. Durant tout le parcours scolaire, l'enfant et l'adolescent doivent développer cette capacité de planifier, ainsi qu'une méthode de travail personnelle, pour avoir le sentiment d'être efficaces et compétents, et surtout pour comprendre que les résultats sont l'aboutissement logique de leurs attitudes et de leurs méthodes d'exécution.

Un véritable apprentissage suppose que l'enfant comprend les liens logiques qui existent entre la démarche et le résultat. Sur ce plan, les parents ont un grand rôle à jouer. En effet, ils doivent aider leur enfant à comprendre qu'aucun résultat n'est magique (positif ou négatif), et qu'il est plutôt la conséquence logique des attitudes (attention, motivation, autonomie, responsabilité) et des stratégies utilisées.

Les parents doivent rassurer l'enfant en lui faisant comprendre qu'un résultat négatif ne remet pas en cause sa valeur personnelle ni son intelligence, et qu'il peut exercer un certain pouvoir sur ses attitudes et ses stratégies. L'enfant doit savoir que s'il a connu un échec, c'est qu'il n'était pas assez motivé ou qu'il n'a pas utilisé les bons moyens pour réussir. S'il veut réussir, il peut et doit modifier sa démarche. Grâce à cette prise de conscience, l'enfant finit par comprendre que les bons résultats qu'il obtient dépendent de son attitude favorable et des moyens utilisés. Il retire alors de ses apprentissages un sentiment d'efficacité et de fierté qui nourrit son estime de soi.

L'enfant peut développer une estime de lui-même sur le plan scolaire à la condition d'être conscient qu'il a le pouvoir de modifier ses attitudes et les moyens qu'il utilise. Il peut se dire qu'il a atteint par lui-même le résultat qu'il anticipait. La pensée magique ne favorise aucunement l'estime de soi. En effet, si un jeune obtient par exemple 90 % lors d'un examen, mais que celui-ci était trop facile, ce n'est pas valorisant. S'il obtient 60 % à un autre examen, mais qu'il apprend que son enseignant lui a donné gratuitement des notes, là encore, ce n'est pas valorisant. Par contre, l'estime de lui-même est rehaussée s'il a obtenu 75 % en étant conscient que ce résultat n'est pas magique ou le fruit du hasard ou des circonstances, mais qu'il l'a mérité par ses attitudes et ses stratégies. Il en retire un sentiment d'efficacité et de fierté personnelle.

En acquérant des connaissances, l'enfant devient plus libre et indépendant. Il s'ouvre à de multiples possibilités et apprend à être autonome. L'apprentissage est un processus actif et graduel au cours duquel on acquiert des connaissances qui deviennent des habiletés et des savoir-faire utiles tout au long de la vie.

Si on ne fournit pas à l'enfant l'occasion de connaître du succès dans ses activités, il est inutile de lui faire prendre conscience de ses capacités et de lui dire qu'il est capable. Il ne sert également à rien de lui faire pratiquer des activités si toutes ses entreprises échouent.

Le développement d'un sentiment de compétence ne relève pas de la magie, mais de l'organisation d'activités stimulantes qui offrent à l'enfant des défis à sa mesure, qui le motivent et qui l'incitent à être autonome.

L'autonomie

L'autonomie s'inscrit dans la finalité de l'éducation. Elle suppose un long processus d'apprentissage dans le développement de l'enfant et de l'adolescent. Elle est généralement définie comme la capacité d'un individu d'être libre et indépendant du point de vue moral et intellectuel, et d'appuyer son comportement sur des règles ou des valeurs librement choisies. Elle se résume essentiellement par la capacité de rompre les liens de dépendance avec l'entourage et de faire des choix personnels. Cette capacité n'apparaît pas soudainement au cours du développement. Elle se construit progressivement. Son acquisition, qui peut se faire de façon harmonieuse ou ardue, est facilitée par les attitudes des parents, des intervenants scolaires, des compagnons et des adultes avec qui l'enfant interagit.

La surprotection constitue une attitude très nuisible à l'autonomie. Surprotéger un enfant, c'est faire quelque chose à sa place alors qu'il est capable d'y arriver lui-même. Une telle attitude freine le développement de l'autonomie chez l'enfant, surtout si elle est souvent vécue dans le quotidien. La surprotection maintient l'enfant dans la dépendance et son estime de lui-même en est affectée, car si l'on fait quelque chose à sa place, cela transmet le message qu'il n'est pas capable d'y arriver. C'est un jugement d'incompétence à son égard.

Tout ce que le jeune enfant doit apprendre (marcher, parler, s'entraîner à la propreté, s'habiller, etc.) se fait par stades, selon un processus continu de développement. L'autonomie s'inscrit dans une séquence d'apprentissage, depuis les choses les plus simples jusqu'aux plus complexes, la qualité et le rythme de cet apprentissage variant d'un enfant à l'autre.

À chaque fois qu'un enfant apprend quelque chose de nouveau, il rompt un lien de dépendance par rapport aux adultes. Legendre[3] (1993) mentionne que l'autonomie maximale représente la finalité de l'éducation, du moins en démocratie. Dans son cheminement vers l'autonomie, l'enfant ou l'adolescent crée de plus en plus de distance entre les adultes et lui. Cela est parfois source d'ambivalence. En effet, certains enfants s'affirment par des gestes autonomes, notamment par leurs apprentissages, tout en désirant rester petits et entourés, en état de confortable dépendance.

Les parents sont généralement fiers des nouveaux apprentissages de leurs enfants, mais ils perçoivent, en même temps, que ceux-ci se séparent d'eux de plus en plus. Les parents aussi ont peur d'être seuls.

Le besoin d'autonomie ou de maîtrise de soi et de libre disposition de soi-même, c'est avant tout une affirmation personnelle. Au cours de son développement, les premières affirmations conscientes et réelles de l'enfant se manifestent par cette tendance à répondre souvent ou systématiquement « non » aux demandes de ses parents. Ces derniers connaissent bien cette exigeante période…

---

3. LEGENDRE, R. *Dictionnaire actuel de l'éducation*. Montréal : Guérin ; Paris : Eska, 1993. p. 199.

Les premières oppositions sont des tentatives d'affirmation personnelle, mais l'enfant n'a pas encore appris à être autonome. En effet, il s'affirme « contre » quelque chose, mais il commence à développer une base à son autonomie lorsqu'il parvient à s'affirmer « pour » quelque chose, c'est-à-dire à faire des choix.

Cependant, choisir veut dire renoncer à quelque chose, ce qui est également source d'ambivalence. Beaucoup d'enfants et même d'adultes veulent tout avoir sans rien perdre.

Cette capacité de choisir est essentielle à l'école. En effet, l'enfant ou l'adolescent doit apprendre à choisir des objectifs, des moyens ou des stratégies, et même à faire le choix de s'engager dans des tâches. Comme l'estime de soi, la capacité d'autonomie varie. Un enfant ou un adolescent ne peut être autonome dans tous les domaines. Le degré d'autonomie du jeune varie d'une matière à l'autre et d'une activité à l'autre. Un élève peut, par exemple, être très autonome en mathématiques et dans les sciences de la nature, et l'être moins en français et en éducation physique. Ces fluctuations sont déterminées en grande partie par la complexité des tâches à exécuter, par la personnalité, les aptitudes et les motivations de l'élève, et par le soutien que l'enseignant et les parents lui apportent.

Tous les enfants n'ont pas besoin du même encadrement. Cela varie selon le degré d'autonomie de chacun. L'environnement éducatif doit être plus ou moins dirigé et encadré selon la capacité d'autonomie de l'enfant. Plus ce dernier se comporte de façon autonome, moins l'enseignant et les parents ont à être directifs. C'est ce qu'on appelle le « dirigisme dégressif » ou décroissant, qui doit s'appliquer selon un dosage évitant à la fois la surprotection et l'autonomie trop précoce.

La responsabilité

De façon générale, les responsabilités scolaires sont les premières que l'enfant doit assumer en dehors du milieu familial. Certains enfants sont moins préparés que d'autres à faire face à cette situation. Il ne faut pas oublier que le fait de prendre en main ses responsabilités scolaires relève à la fois de la motivation et de l'autonomie, et que celui de devenir un élève responsable nécessite un engagement personnel et la capacité de persister dans cette voie.

Il convient de reprendre ici certains éléments concernant la motivation et l'autonomie en précisant leur rôle dans le développement du sens des responsabilités scolaires.

La motivation a été définie comme étant l'anticipation d'un plaisir au cours d'une activité ou l'anticipation de l'utilité de cette activité. Elle constitue le mobile et l'énergie interne de l'autonomie et de l'engagement de l'enfant. Ce dernier accepte volontiers de prendre des moyens et d'investir des efforts dans une activité scolaire lorsqu'il est convaincu que celle-ci peut être plaisante ou qu'elle lui sera utile dans la vie.

La motivation est directement influencée par les valeurs du milieu familial et elle apparaît bien avant le début de l'école. Les parents qui ont peu d'activités intellectuelles (lecture, écriture, etc.) trouvent difficile d'inciter leur enfant à en avoir. Mais lorsque la période des travaux scolaires arrive, ils doivent quand même aider leur enfant à en comprendre l'utilité et à prendre ses responsabilités. Si cela n'est pas fait, l'enfant rechignera à faire ses travaux, car il n'en percevra pas le sens. Ceux-ci seront perçus comme des exigences d'adultes et comme une source de frustration.

Le sens des responsabilités scolaires chez l'enfant est indissociable de sa motivation et de son autonomie. Cela se manifeste par la persistance dans l'effort. Pour persister dans ses tâches scolaires, l'enfant doit continuellement puiser de l'énergie dans ses motivations et choisir ses moyens et ses stratégies, en courant le risque de se tromper.

De nombreux jeunes éprouvent de la difficulté à assumer leurs responsabilités scolaires. La capacité de se charger seul de ses travaux n'apparaît pas comme par magie lorsqu'un élève entre au secondaire. Elle s'inscrit dans un processus continu qui débute dès la petite enfance.

Chez tous les enfants, de la même manière que l'estime de soi, la capacité d'être responsable et autonome se développe graduellement et elle est ponctuée d'évolutions subites et de régressions temporaires. Le sens des responsabilités varie aussi selon les activités en cause. Un enfant peut se montrer responsable quand il s'agit de ranger sa chambre et l'être beaucoup moins par rapport à ses devoirs à la maison.

Il va sans dire que les responsabilités qu'on désire que l'enfant assume doivent être adaptées à son niveau de développement. Avant d'entrer à l'école, l'enfant doit déjà avoir appris à prendre certaines petites responsabilités, comme celle de lacer ses souliers, de ranger ses jouets, etc. Cependant, soulignons que le sens des responsabilités n'a rien à voir avec l'obéissance servile ou avec la routine. Les parents doivent amener l'enfant à comprendre le sens des valeurs et le bien-fondé des responsabilités à assumer.

Il ne faut pas s'attendre à ce que l'enfant assume d'emblée ses responsabilités scolaires si, au préalable, il n'a pas appris à s'acquitter de certaines tâches qu'on lui confie à la maison.

L'attitude des parents est très importante quand il s'agit d'inciter l'enfant à assumer ses responsabilités scolaires. Si l'activité qu'on lui propose est adaptée à ses capacités et s'il maîtrise les moyens ou les stratégies pour la réaliser, les parents doivent lui signifier clairement que sa responsabilité consiste à la mener à terme. Ils doivent aussi l'encourager à être persévérant, c'est-à-dire à terminer l'activité malgré des difficultés. Si un enfant abandonne une tâche lorsqu'il se retrouve face à une difficulté, il en retirera un sentiment d'échec et de dévalorisation qui affectera son estime de soi.

Il est également très important que les parents ne retirent pas à l'enfant sa responsabilité personnelle en excusant ses actes ou en reportant les torts sur l'école à la suite d'un échec. Ainsi, certains parents veulent éviter que l'enfant se sente amoindri, et justifient le manque de responsabilité de l'enfant en lui disant par exemple : « Tu as de la difficulté parce que l'enseignante parle trop rapidement » ou « Tu as de la difficulté parce que ton enseignante crie en classe et que ça te rend nerveux ». En entendant ces commentaires, l'enfant risque de se dire : « Je vais attendre que les autres changent ».

Cette attitude parentale enlève à l'enfant le sens de sa propre responsabilité. Si les parents jugent, à tort ou à raison, que l'attitude, les gestes ou les paroles de l'enseignante sont inadéquats, qu'ils aillent en discuter avec elle au lieu de passer leurs jugements devant l'enfant. Il serait plus profitable pour l'enfant que les parents lui disent : « Ton enseignante, tu ne peux la changer, mais toi, qu'est-ce que tu peux faire ? » Il serait avantageux qu'ils l'incitent à réfléchir à ses attitudes (attention, motivation, autonomie, responsabilité) et à ses stratégies, pour les modifier ou les améliorer, à se rendre compte que chacun a du pouvoir sur soi, mais non sur les autres. Il est très important que les parents aident l'enfant à comprendre que c'est lui le principal acteur de son apprentissage et qu'il a des choix personnels à faire à ce point de vue. En parlant de la sorte, les parents signifient à l'enfant qu'il a la capacité de trouver des moyens pour progresser, tout en lui redonnant sa responsabilité personnelle.

Des stratégies pour apprendre

L'apprentissage n'étant pas magique, l'enfant doit faire preuve d'attitudes préalables et de stratégies efficaces pour apprendre. Ce sont là les moyens les plus susceptibles de permettre la réalisation d'objectifs, ainsi que de produire un bon apprentissage et des résultats positifs. Le psychologue et pédagogue suisse Jean Piaget (1896-1980) a fait une grande contribution à l'humanité en expliquant le développement de l'intelligence selon des périodes et des stades chez l'être humain. Pour lui, l'intelligence est la capacité de s'adapter. Si l'être humain réussit à s'adapter, c'est qu'il est capable de résoudre les problèmes concrets et abstraits qu'il vit quotidiennement. Et la personne parvient à résoudre des problèmes, concrets ou abstraits, en utilisant des stratégies (moyens ou façons de faire). Plus l'enfant maîtrise une variété de stratégies, plus il est capable de résoudre des problèmes, plus il peut s'adapter aux diverses situations. Ainsi, on évalue les capacités intellectuelles d'un enfant ou d'un adulte par la variété et la pertinence des stratégies qu'il utilise pour résoudre des problèmes concrets et abstraits.

Dès sa tendre enfance l'enfant découvre ou apprend des moyens ou des stratégies pour atteindre un but. Il faut espérer que l'enfant, durant sa vie scolaire, découvre par lui-même des stratégies d'apprentissage. Cependant, il est important de les lui enseigner et ne pas courir le risque qu'il passe à côté.

Il faut guider l'enfant dans la sélection des stratégies pertinentes pour atteindre un objectif, et il est également essentiel de l'aider à régulariser, à modifier et à ajuster ses stratégies au fur et à mesure que les situations se présentent. La régulation ou l'ajustement des stratégies favorise la flexibilité et la souplesse de la pensée.

Les enfants n'apprennent pas tous de la même façon. Le style cognitif d'un enfant l'amène à choisir certaines stratégies plutôt que d'autres. Par exemple, un enfant qui apprend plus facilement de façon visuelle et spatiale choisira des schémas, des graphiques ou des dessins pour résoudre les problèmes.

Apprendre à apprendre

Chacun a sa façon d'apprendre. Chacun utilise des stratégies particulières pour percevoir, traiter et émettre de l'information.

En tant que parent, on doit aider son enfant à découvrir et à choisir les stratégies qui facilitent son apprentissage.

À titre explicatif, comparons le fonctionnement de l'intelligence à celui d'un ordinateur. Il y a d'abord l'entrée de l'information, puis son traitement et, enfin, l'émission de cette information. À chacune de ces étapes, on peut utiliser différentes stratégies.

L'enfant possède des outils pour apprendre, c'est-à-dire des capacités perceptives, intellectuelles, neuromotrices, etc. Ces capacités se développent graduellement et par stades. De plus, chaque enfant a son rythme d'évolution, qui doit être reconnu et respecté. On ne peut pas faire apprendre n'importe quoi n'importe quand à n'importe qui. Tout dépend de la complexité de l'apprentissage et des moyens que l'enfant possède. Par exemple, on ne peut demander à un élève de 6 ans d'effectuer des divisions avec des nombres, car il ne possède pas les outils mentaux nécessaires pour effectuer une telle opération.

Certains enfants font penser à des ouvriers qualifiés qui ne sauraient pas utiliser un nouvel outil. Ils ont le potentiel nécessaire pour faire le travail (c'est-à-dire pour apprendre), mais ils ne savent pas comment s'y prendre. Or, pour apprendre, l'enfant doit savoir manier ses outils, c'est-à-dire choisir des stratégies. L'enfant doit découvrir qu'il peut choisir des stratégies : il peut les sélectionner, les ajuster et les corriger.

L'erreur au service de l'apprentissage

On ne peut apprendre sans faire d'erreurs. L'erreur est nécessaire dans un processus d'apprentissage dynamique. C'est en grande partie grâce à ses erreurs que l'enfant apprend à apprendre. Les parents doivent donc aider leur enfant à prendre conscience de ses erreurs afin qu'il puisse les corriger et utiliser des moyens pour ne pas les répéter. L'enfant y parvient en se servant d'autres stratégies. Or, dans cette recherche de nouvelles stratégies, il doit obtenir l'aide de ses parents qui peuvent lui en suggérer, mais pas lui imposer.

Au cours des apprentissages, les erreurs sont inévitables et nécessaires. Elles permettent à l'enfant d'ajuster ses stratégies et de trouver de nouveaux moyens pour atteindre ses objectifs. Elles lui fournissent également l'occasion de s'autoévaluer, de corriger ses stratégies et de réfléchir à la pertinence de ses choix.

Il est important d'aider l'enfant à prendre conscience de ses erreurs. Cette prise de conscience lui permet de ne pas les répéter. De plus, les corrections et les ajustements apportés stimulent la souplesse et la mobilité de la pensée.

Certains parents croient encourager leur enfant en lui disant de «faire des efforts». Or, pour de nombreux jeunes, il s'agit là d'un concept trop abstrait. De plus, ce conseil est souvent nuisible, car le jeune ne possède pas toujours des stratégies d'apprentissage. Que se passe-t-il si l'enfant tente de répondre aux attentes de ses parents? Il dépense beaucoup d'énergie tout en risquant de connaître des échecs, car il n'utilise pas les moyens adéquats. Il se dit alors qu'il a fait des efforts sans réussir et qu'il n'est donc pas intelligent. Son estime de soi est sapée. Permettez-moi, à ce propos, de vous faire une confidence : je n'ai jamais appris à nager et je suis convaincu qu'un professeur de natation qui me ferait sauter dans quatre mètres d'eau en me disant de faire des efforts ne parviendrait qu'à me faire avaler plusieurs tasses d'eau. Par contre, s'il me disait comment m'y prendre pour garder la tête hors de l'eau et pour avancer, il y a de fortes chances que je me risquerais en sachant quelles stratégies ajouter à mes efforts.

Pour qu'un jeune prenne conscience de ses erreurs, il doit d'abord les accepter. Trop d'enfants voient leurs erreurs comme des échecs. Ils deviennent alors perfectionnistes ou refusent de faire des activités à cause de leur hantise d'en commettre d'autres. Est-ce à cause de parents trop exigeants ou plutôt parce que des parents sont intolérants face à leurs propres erreurs? Les parents sont des modèles auxquels les jeunes s'identifient. Ils sont perçus comme des êtres parfaits, car ils n'admettent jamais leurs erreurs. Les enfants se sentent dans l'obligation d'être comme eux afin d'être dignes d'eux. Il est donc souhaitable que les parents parlent de leurs erreurs afin de permettre à leurs enfants d'accepter d'en faire eux aussi.

Il n'est pas facile d'accepter ses erreurs et de s'en servir pour progresser dans une société où l'on n'admet pas l'erreur et qui, à l'école comme au travail, valorise tellement l'efficacité et la rentabilité. Les enfants se sentent trop souvent obligés de répondre à tout prix aux exigences des adultes qui privilégient les résultats au détriment du processus d'apprentissage.

Le stress, un facteur dynamisant

Une certaine quantité de stress est nécessaire au fonctionnement normal de l'être humain. Lorsque la vie reste trop longtemps paisible et tranquille, l'être humain finit par s'ennuyer et recherche des excitations. De plus, le système nerveux a besoin d'une certaine quantité de stimulation pour bien fonctionner. En fait, le stress n'est pas dommageable en soi. Il peut nous amener à nous dynamiser, à mieux exploiter nos capacités et nos talents. Lorsqu'il est bien géré, le stress peut nous stimuler à surmonter des difficultés, à relever de beaux défis.

Par contre, un bon nombre d'enfants vivent un stress moins bénéfique lorsqu'ils poursuivent un objectif uniquement pour répondre aux attentes des adultes. La motivation est alors essentiellement extrinsèque. Elle consiste à rechercher des approbations extérieures et à éviter les réprimandes.

Le stress de performance

La majorité des professionnels qui œuvrent auprès de l'enfance (pédiatres, pédopsychiatres, psychologues, psycho-éducateurs) constatent que de plus en plus d'enfants souffrent du stress de performance. Il faut situer ce phénomène dans le contexte de notre société occidentale. Nous vivons dans un climat social où les valeurs d'efficacité, de rentabilité et de compétition occupent une place de plus en plus grande. Que l'on songe par exemple aux palmarès qui comparaient les résultats des écoles secondaires, les comparaisons entre les collèges, le culte de l'élitisme, l'obsession de la réussite éducative (qui, soit dit en passant, se limite aux résultats académiques), le syndrome de la médaille d'or, etc. Les parents sont également piégés dans cette tornade de la performance et de la compétition. Eux aussi, pour protéger leur emploi, se sentent obligés de se dépasser et de fournir un rendement dont les standards de quantité et de qualité sont de plus en plus élevés.

Dans ce contexte de compétition et d'insécurité, les parents se sentent forcés d'être parfaits, à la hauteur des exigences du travail. Ce perfectionnisme s'introduit de façon insidieuse dans les attitudes parentales. On note chez les parents une tendance à appliquer dans leur maternité et leur paternité la même obsession de réussite que dans leur vie sociale et professionnelle. Ils veulent des enfants parfaits, des gagnants. Des enfants de l'excellence.

Malheureusement, beaucoup trop de parents persistent à voir des enfants rêvés plutôt que des enfants réels. Malgré des intentions louables envers leurs enfants, ces parents leur imposent une variété d'activités pour les stimuler au maximum. Les enfants ont alors des emplois du temps chargés, leur vie est organisée et orchestrée vers un seul but : être les meilleurs. Les parents désirent ce qu'il y a de mieux pour leurs enfants. Ils veulent leur faire vivre des expériences enrichissantes sur le plan artistique, intellectuel et sportif afin qu'ils soient bien équipés pour affronter l'avenir. Rien de pire qu'un enfant organisé à la minute, occupé par des cours de danse, de natation à tout moment. Les parents ont moins d'enfants, ils veulent tout leur donner et ils attendent beaucoup d'eux.

On oublie trop souvent de consulter les enfants avant de les inscrire à tel ou tel cours. Il faut pourtant tenir compte de leurs goûts et leur permettre de laisser tomber un cours s'ils n'y trouvent pas de plaisir. L'être humain a cette caractéristique qu'on oublie trop souvent : si l'on ne vit pas de plaisir durant une activité, on la subit. Ainsi, imposer un cours à un enfant alors qu'il n'aime pas cela, c'est l'inciter à l'endurer, ce qui réduit encore plus sa motivation en lui faisant vivre du stress.

Pour un grand nombre d'enfants, la performance tisse la toile de fond de leur vie, qui n'est plus centrée sur le bien-être du moment. Les parents se donnent comme devoir d'occuper le plus possible les enfants dans des activités parascolaires qui sont sources d'apprentissages. Dans certains cas, ces occupations sont stimulantes et formatrices. Elles perdent cependant ce caractère positif lorsque l'obsession de la performance ou du rendement remplace le plaisir, la détente et la création. Elles deviennent stressantes pour l'enfant d'abord et aussi, progressivement, pour l'adulte.

Les enfants deviennent stressés comme des chefs d'entreprise. Pour certains, l'école semble se prolonger en heures supplémentaires. L'enfant sent qu'il doit à tout prix avoir un rendement supérieur pour répondre aux exigences des adultes. À la longue, il peut se sentir aimé non pas pour ce qu'il est, mais pour ce qu'il fait. Cette situation affecte négativement sa propre estime tout en lui faisant vivre du stress de performance.

C'est ainsi qu'Étienne, 10 ans, devait toujours avoir un rendement maximal à l'école, dans son équipe d'élite au hockey et pendant les cinq heures qu'il passait au piano chaque semaine. Il est devenu stressé et épuisé. À sa façon, il a manifesté son malaise, mais le message a échappé à ses parents. On a dû l'hospitaliser d'urgence pour une rupture d'ulcère à l'estomac. Il s'agit là d'un exemple extrême, bien sûr, mais bon nombre d'enfants vivent à des degrés divers de tels conflits intérieurs. Malheureusement, ils sont souvent partagés entre le désir d'être aimés pour ce qu'ils sont et le souci de satisfaire les exigences des adultes qu'ils chérissent.

Beaucoup d'enfants adoptent un comportement conformiste pour ne pas provoquer de conflits avec leurs parents hantés par la performance. Les enfants qui réussissent le mieux sont des cibles de choix pour le stress. Ces enfants sages réussissent souvent bien, mais s'extériorisent peu, et le stress qu'ils vivent provoque souvent des maladies psychosomatiques. Toute la pression qu'ils ressentent s'exprime dans leur corps. Quand les parents mettent l'accent sur la performance plutôt que sur le plaisir, ils provoquent du stress. Les enfants doivent également flâner, perdre leur temps, s'amuser. C'est même très important pour le développement de l'imagination. Et l'imagination est une des échappatoires du stress.

Ce souci de la performance chez les parents les amène souvent à mettre de côté les jeux libres et spontanés pour diriger plutôt les enfants dans des jeux éducatifs, qu'ils perçoivent comme sources d'apprentissage. Les parents achètent beaucoup de jeux éducatifs centrés sur la performance et qui laissent peu de place à l'imaginaire. On occupe continuellement les enfants dans des activités structurées, et souvent, avec des exigences de rendement prédéterminées. À cause de ce régime de vie imposé et directif, on constate que des enfants sont incapables de s'amuser par eux-mêmes, ils ne savent pas quoi faire lorsqu'ils n'ont pas d'activités planifiées par les adultes. C'est là un phénomène nouveau dans les garderies et dans les écoles.

Quand le stress devient détresse

Quand le stress se transforme en détresse, il produit des effets négatifs chez l'enfant. Celui-ci ne peut ni fuir la source du stress ni la combattre. Ou encore, le stress devient plus puissant que ses capacités d'adaptation. Par exemple, si l'on impose à un enfant une forte exigence à laquelle il ne peut se dérober et qu'il est incapable de satisfaire, il se retrouve dans une situation sans issue, en position de victime face à une demande trop exigeante. Ce stress devient alors une détresse ressentie par l'enfant. Si elle se prolonge, elle peut avoir une influence physiologique et psychologique dommageable. Cela peut entraîner des troubles physiologiques, comme des ulcères, de l'hypertension et des maladies cardiaques. Un stress intense (qui agit sur le système nerveux central et change l'équilibre hormonal) peut également nuire aux réactions d'immunité de l'organisme, diminuant la capacité qu'a ce dernier de résister à l'invasion des bactéries et des virus. Le stress qui se transforme en détresse joue un rôle important dans plus de la moitié des problèmes de santé.

On constate des stress intenses quand l'enfant se voit forcé de fournir un rendement de qualité dans un temps limité. Cela s'observe notamment lors de compétitions sportives ou en situation d'examen. Il est prouvé scientifiquement que du sucre apparaît dans l'urine des athlètes à la suite d'une importante compétition sportive. Le sucre est l'un des signes physiologiques d'une intense réaction émotionnelle causée par le stress de performance. Pour certains sportifs, l'anxiété d'une épreuve est bien pire qu'un rêve, c'est un cauchemar éveillé : ceux précisément qui sont complètement paralysés ou pétrifiés au moment où ils doivent faire la preuve de leurs compétences.

Face à un stress intense et prolongé, les enfants ont tendance à réagir dans leur corps : constipation, diarrhée, maux de tête ou de ventre, tics nerveux, grincements de dents, maladies de peau, incapacité de dormir ou sommeil excessif, transpiration, douleurs musculaires, infections mineures à répétition, mains froides ou moites ou crispées. D'autres enfants réagissent par une hyperactivité réactionnelle à la situation stressante.

Sur les plans affectif et social, les enfants peuvent réagir au stress intense dans leur comportement : bégaiement, fébrilité, pleurs, agressivité, irritabilité, etc. Ces symptômes peuvent se manifester à la maison, à l'école ou dans des lieux publics. Certains de ces signes ne sont pas propres au stress de performance, mais lorsque le comportement ou l'humeur de l'enfant change, il y a lieu de se demander s'il est stressé par une épreuve de performance à venir.

Le stress intense a aussi des répercussions sur le plan cognitif. En effet, quand l'enfant doit faire face à une épreuve exigeante et qu'il est dans l'impossibilité de l'éviter ou de la surmonter efficacement, il peut se retrancher dans une forme de régression cognitive. Dans cet état, son raisonnement est envahi par une pensée magique qui se manifeste, par exemple, par des rituels ou par l'espoir que le hasard arrangera les choses. Parfois, le stress intense joue un rôle actif dans l'inhibition du jeune, tant pour ce qui est de l'action que de la représentation. Quand le stress devient détresse, l'énergie psychique de l'enfant est comme paralysée. Il empêche le recours aux compétences acquises et bloque l'actualisation des capacités d'adaptation. Dans une telle situation d'inhibition provoquée par le stress de performance, une certaine quantité de l'énergie de l'enfant est soustraite à la tâche de l'épreuve et gaspillée inutilement en doutes et en préoccupations anxiogènes qui conduisent à l'échec. Accablé par l'anxiété, l'enfant ne parvient pas à se concentrer : il néglige souvent de suivre les instructions. Durant l'épreuve, des informations lui échappent ou encore il les interprète mal.

Inévitablement, l'enfant ressent un grand stress quand il est l'objet d'une pression indue exigeant de lui qu'il fournisse une performance de qualité, même en brusquant ou en cherchant à accélérer son rythme d'apprentissage. L'enfant régresse alors souvent dans l'égocentrisme. En effet, lorsqu'il est envahi par les exigences stressantes des adultes, la tension intérieure qui en résulte se transforme en difficulté à considérer à la fois les diverses facettes de la situation de performance. On observe ainsi des conduites stéréotypées de rigidité. Face au défi à relever, l'enfant a tendance à se centrer sur une seule stratégie à la fois. Celle-ci étant souvent inefficace, l'enfant n'a pas la souplesse ou la disponibilité nécessaires pour adapter ses conduites. Il est ainsi piégé dans une sorte de cul-de-sac où il ne trouve que l'échec. Il ne peut s'en dégager sans aide opportune.

Cette tendance généralisée de pousser les enfants vers l'excellence par des apprentissages de plus en plus précoces avec de plus hauts standards de qualité produit facilement l'effet contraire. Si l'on brusque ou l'on cherche à accélérer le rythme naturel de développement de l'enfant, en ne prenant pas en considération ses motivations personnelles, il peut être stressé par ces exigences trop fortes. Le stress se transforme en détresse et sa motivation disparaît. L'enfant adopte alors des conduites égocentriques et il en vient à manifester une rigidité mentale qui l'empêche de fournir un bon rendement. Tout le monde est perdant dans ce cercle vicieux.

Protéger l'estime de soi chez l'enfant et l'aider à gérer le stress

Il ne faut jamais oublier que le plaisir d'apprendre s'inscrit d'abord et avant tout dans les relations que l'on vit avec son enfant. Toutes les activités d'apprentissage et de performance peuvent être sources de joies partagées si l'on est disponible. En mettant l'accent sur la relation, on prévient l'excès de stress. Il est très important de rassurer régulièrement son enfant sur le fait que votre attachement est inconditionnel, peu importe les résultats qu'il obtient. L'enfant doit sentir qu'on l'aime pour ce qu'il est et non pour ce qu'il fait ou pour ce qu'il produit.

Le parent doit accorder plus d'importance à la démarche qu'entreprend son enfant qu'aux résultats obtenus. L'enfant doit prendre conscience qu'il a un pouvoir personnel sur son processus d'apprentissage (attitudes et stratégies), de façon à y trouver du plaisir et à réduire son stress.

Si votre enfant vit un échec dans une situation de performance, il faut lui faire comprendre que le résultat obtenu ne remet pas en question ses capacités ou sa valeur personnelle, mais que les causes se retrouvent dans ses attitudes ou ses stratégies, et qu'il peut les améliorer à l'avenir : « Ce n'est pas toi qui n'es pas bon, c'est plutôt le moyen que tu as utilisé qui n'était pas adéquat. »

Il est essentiel que le parent s'interdise d'exprimer des mots blessants, des moqueries ou des railleries à la suite d'une erreur ou d'un échec de l'enfant. Ces mots qui blessent constituent des violences verbales. Il ne faut jamais oublier qu'à l'intérieur du mot « violence », il y a le mot « viol ». La violence verbale est un viol de l'amour-propre, de l'estime de soi chez l'enfant.

Le parent doit abandonner son perfectionnisme et accepter les erreurs de son enfant en lâchant prise sur les détails. Il ne faut pas oublier que le parent est le premier modèle auquel l'enfant s'identifie. L'important, c'est d'amener ce dernier à prendre conscience de l'erreur qu'il a faite pour ensuite la corriger et éviter de la répéter.

Peu importe la performance de l'enfant, on doit toujours souligner ses efforts et ses forces en les illustrant par des exemples concrets. Il se sent ainsi compris et respecté.

Chaque enfant a son propre rythme biologique, intellectuel et affectif. Il est très important de percevoir ce rythme et de le respecter. Trop de pression pour accélérer son apprentissage ou la qualité de son rendement provoque du stress.

Le plaisir est un grand réducteur de stress. C'est par le jeu que l'enfant vit le plus de plaisir. Le jeu libre favorise l'imagination et la créativité plus que toutes activités structurées par les adultes et tous les jeux éducatifs et jouets fabriqués. Et la liberté d'expression qu'il autorise constitue une excellente stratégie de lutte contre le stress.

Quand l'enfant prévoit qu'il devra atteindre des résultats, il est souhaitable que le parent l'amène à visualiser d'avance la situation. La capacité que l'on a de prévoir un événement générateur de stress atténue, même s'il est parfois impossible de le contrôler, l'importance de ce stress. Il est admis que les êtres humains préfèrent les événements désagréables prévisibles à ceux qu'il est impossible de prévoir.

Il est important que le parent amène son enfant à s'apercevoir qu'il peut contrôler en partie ou en totalité l'événement stressant en adoptant de bonnes attitudes et en utilisant de façon judicieuse certaines stratégies.

Tout enfant a déjà vécu du succès ou a surmonté des situations stressantes. Il est bon que le parent amène l'enfant à se souvenir des forces qu'il a utilisées pour surmonter ce stress et à prévoir la manière dont il peut réutiliser ses capacités afin de faire face à une nouvelle situation stressante.

Le parent doit assurer son enfant de son soutien constant face aux difficultés, sans pour autant minimiser ou dramatiser la situation stressante. L'enfant tolère plus facilement le stress quand il est partagé avec des personnes qui comptent pour lui.

Il est bon que le parent apprenne à son enfant à reconnaître les signes de son stress et qu'il l'aide à trouver la meilleure façon de liquider ce stress. Pour certains, ce sera de l'exercice physique, pour d'autres de la lecture ou de la musique, pour d'autres encore la rêverie ou encore l'expression de la colère ou de la peine.

Il faut amener son enfant à prendre conscience de son monologue intérieur négatif, souvent à contenu d'anxiété, durant une activité stressante afin de l'arrêter ou de le neutraliser par des idées positives, et notamment en évoquant le souvenir de ses succès passés.

Il est bon d'encourager son enfant à rire, à chanter, à danser. On peut utiliser des imageries mentales pour permettre à l'enfant de reprendre le contrôle sur lui-même. Par exemple, il est possible par imagerie de visualiser ses problèmes et ses tensions, de les mettre dans un sac qu'on lancera au loin.

Les enfants vivent souvent du stress, mais celui-ci peut les pousser en avant comme il peut les inhiber ou blesser leur corps et leur esprit. Les parents peuvent les aider activement à mobiliser leur énergie positivement en fuyant ce qu'ils ne peuvent changer et en combattant ce qu'il est possible de combattre.

Le stress, c'est la vie même. Il nous est nécessaire pour progresser dans notre existence. Le reconnaître, accepter nos limites personnelles qui ne sont pas celles des autres et apprendre aux enfants à en comprendre les causes et les effets constitue un acte de vie. L'espoir, l'enthousiasme, la passion, la créativité sont aussi l'apanage du stress, tout comme la maladie, la dépression et la violence.

Nous devons apprendre aux enfants à vivre le plaisir, à se centrer sur des pensées positives et à utiliser leur imaginaire pour se détendre et pour résoudre les conflits.

Il ne faudrait surtout pas oublier que tous les individus ont un besoin fondamental d'attachement et d'une bonne estime de soi. Quand ce besoin est comblé, quand l'enfant a sa ration affective et le sentiment de sa valeur personnelle, il peut mobiliser les énergies nécessaires pour combattre les stress intenses et se protéger de la détresse.

■ Les signes observables d'un sentiment de compétence chez l'enfant

L'enfant qui vit un bon sentiment de compétence manifeste la majorité des attitudes et des comportements suivants :

- il se souvient de ses réussites passées ;
- il anticipe du plaisir face à une activité ;
- il perçoit l'utilité des activités ou des apprentissages qu'on lui propose ;
- il manifeste de la fierté à la suite d'une réussite ;
- il manifeste le goût d'apprendre ;
- il manifeste de la curiosité intellectuelle ;
- il est capable de faire des choix de stratégies ou de moyens ;
- il est capable de persévérance malgré les difficultés ;
- il manifeste de la créativité ;
- il est capable d'initiatives et de risques calculés ;
- il est capable de réinvestir et de généraliser ses habiletés et connaissances ;
- il reconnaît et accepte ses erreurs ;
- il est détendu durant les activités d'apprentissage.

◼ Les attitudes parentales favorisant un sentiment de compétence

Il existe toute une série d'attitudes que les parents peuvent adopter pour amener leur enfant à développer un sentiment de compétence :

- connaître les capacités et le niveau de développement de l'enfant ;
- réactiver chez lui le souvenir de ses réussites passées ;
- lui proposer des activités stimulantes qui sont sources de plaisir ;
- l'informer de l'utilité des activités ou des apprentissages ;
- lui proposer des objectifs réalistes ou conformes à ses capacités ;
- respecter son rythme d'apprentissage ;
- favoriser son autonomie ;
- encourager son sens des responsabilités ;
- faire régulièrement des rétroactions et des objectivations pour amener l'enfant à prendre conscience des liens entre ses attitudes, ses stratégies et les résultats qu'il obtient ;
- lui suggérer plusieurs stratégies et moyens d'apprentissage ;
- l'aider à reconnaître, à dédramatiser et à accepter ses erreurs ;
- l'aider à corriger ses erreurs ;
- favoriser sa créativité ;
- lui éviter le stress de la performance ;
- accorder la première place à la démarche d'apprentissage ;
- souligner par des rétroactions positives ses bonnes stratégies et ses bonnes réponses ;
- respecter son rythme personnel d'apprentissage ;
- stimuler le développement de sa pensée.

CHAPITRE 6

Le sentiment de compétence parentale

Dans les chapitres précédents, il a été largement question de la nature et des composantes de l'estime de soi chez l'enfant, ainsi que des attitudes et des moyens qui favorisent le sentiment de sa valeur personnelle. Lorsqu'on parle de l'estime de soi chez un jeune, on débouche inévitablement sur l'estime de soi des parents. Au cours des nombreux ateliers de formation que j'ai animés sur les attitudes et les moyens de favoriser l'estime de soi chez les enfants, plusieurs parents m'ont dit que le fait d'aider leurs enfants à se juger positivement les amenait eux-mêmes à se reconnaître une valeur personnelle. Même si ces ateliers étaient conçus avant tout pour les enfants, plusieurs parents semblaient en profiter aussi. L'estime de soi est une attitude à caractère universel, qui transcende les générations. C'est un moyen de prévenir les difficultés, mais aussi un bon facteur de bien-être chez l'enfant et l'adulte.

Plusieurs fois, j'ai entendu des parents, à propos de leurs enfants, faire les commentaires suivants : « Il manque de confiance en lui, j'étais comme ça quand j'étais enfant » ou « Il se dévalorise et je fais la même chose pour moi-même ». C'est comme si l'estime de soi a un caractère contagieux. Coopersmith[1] (1967) est l'un des premiers chercheurs à avoir démontré que les parents ayant une bonne estime

---

1. COOPERSMITH, S. *The Antecedents of Self-Esteem.* San Francisco : W.H. Freeman, 1967.

d'eux-mêmes ont tendance à favoriser la conscience d'une valeur personnelle chez leurs enfants. La justesse de cette affirmation a été confirmée par d'autres chercheurs. On comprend facilement qu'un adulte ayant une bonne opinion de lui-même, comme personne et en tant que parent, et qui est optimiste et positif dans ses rapports avec les autres, a une tendance naturelle à souligner les points positifs et à valoriser son enfant, tout en reconnaissant qu'il vit parfois des difficultés et des limites.

Comme nous l'avons souligné précédemment, l'estime de soi varie chez une personne selon les divers domaines de sa vie et est en relation directe avec l'importance qu'elle accorde à chacun d'eux. Quelqu'un peut avoir une bonne estime de lui-même comme travailleur, tout en ne s'accordant qu'une faible valeur dans un groupe, et une valeur moyenne comme parent. Pour tout être humain, le plus important, c'est de se reconnaître d'abord une valeur intrinsèque, ensuite une valeur dans l'un ou l'autre des domaines de sa vie.

Au cours de mes années de pratique et grâce à mes nombreux échanges avec des milliers de parents, j'ai constaté que ceux-ci désirent de toute évidence le bonheur de leurs enfants. J'ai vu, surtout durant les deux dernières décennies, que beaucoup trop de parents doutent d'eux. Ils ne font pas assez confiance à leurs capacités éducatives. J'ai souvent entendu ces questions : « Est-ce que je lui donne trop d'affection ou pas assez ? », « Est-ce que je suis trop sévère ou pas assez ? », etc. Plusieurs parents sentent le besoin d'être rassurés quant à leurs compétentes parentales, mais surtout, ils ne se fient pas à leurs intuitions et certains perdent même contact avec le gros bon sens.

Les parents d'aujourd'hui sont conscients que leur désir de rendre leurs enfants heureux se heurte à de sérieuses difficultés liées aux aléas de notre époque. Durant les années soixante, avec l'avènement de la psychologie moderne, beaucoup de parents ont opté pour la communication comme principe d'éducation. Ils avaient l'impression qu'en dialoguant avec leurs enfants et en leur laissant toute liberté, ils pouvaient régler la plupart des problèmes. Les parents avaient surtout peur de traumatiser leurs enfants en leur imposant des limites, et cette inquiétude existe encore aujourd'hui.

Beaucoup de parents ont développé des sentiments de culpabilité. « Si je le punis, est-ce qu'il restera marqué pour la vie ? » Les parents cherchent à taire leurs inquiétudes et à trouver des solutions dans des livres, des revues, auprès de professionnels, à la radio ou à la télévision. Les parents sont de grands consommateurs d'information éducative, parfois au détriment de leur intuition. Or, un parent sait en général comment agir avec son enfant, et le fait de s'en remettre aux autres n'est pas toujours une bonne solution. Le parent a surtout besoin de se sentir compétent dans son rôle.

Les parents sont les premiers éducateurs de leurs enfants. En général, ils possèdent un savoir intuitif et les compétences requises pour permettre à leurs enfants d'atteindre l'autonomie en ayant des réactions adaptées à leurs besoins. Malheureusement, trop de parents ne sont pas conscients de leurs qualités d'éducateurs ou les sous-estiment, ce qui dénote un faible sentiment de compétence parentale.

Je me souviens du temps où mes enfants étaient petits. J'avais tendance à fouiller dans mes livres et dans mes notes de cours pour savoir comment agir. Après un certain temps, le ridicule de la situation m'a sauté aux yeux et je me suis dit : « J'ai mes difficultés et mes limites, mais je vais me comporter avec mes enfants au meilleur de mon amour et de ma connaissance. » Je crois que mon attitude a été saine et que j'ai bien fait de me fier à mon intuition, et surtout, d'être spontané avec mes enfants. En général, les informations et les théories sont bénéfiques, mais le quotidien, lui, se vit au jour le jour.

Aujourd'hui, les parents doivent relever de grands défis pour bien vivre leurs responsabilités parentales. Ils sont bousculés dans le temps, sollicités de tous côtés par notre société de consommation, stressés par leurs nombreuses obligations professionnelles et familiales. Toutes ces difficultés empêchent parfois les parents d'être pleinement disponibles pour l'éducation de leurs enfants. Notre société a beaucoup changé et est en quête de sens. Nous ne pouvons parler de la compétence parentale sans nous référer à la famille qui, elle aussi, s'est transformée en profondeur au cours des dernières décennies.

La famille, d'hier à aujourd'hui

Il est rare qu'une personne soit indifférente à la famille. Chez la plupart des gens, la famille comporte une résonance affective. Sans lien familial, une personne se sent seule, à moins d'avoir tissé de solides liens d'amitié. La famille a permis la survie de l'espèce humaine et presque tous reconnaissent qu'elle est à la base de la société, comme le mentionne le Conseil de la famille[2] (1995) :

> « Seule institution à avoir survécu dans l'histoire des temps, la famille continuera à jouer son rôle de cellule de base de la société tant et aussi longtemps qu'elle saura transmettre à ses membres les valeurs qui lui ont permis de s'adapter aux transformations sociales les plus profondes. »

Depuis la préhistoire, malgré les changements politiques sociaux et économiques, au milieu des guerres, des séismes et des révolutions, la famille a survécu et est demeurée la cellule de base d'une société. Elle comporte des liens organiques, des relations affectives d'appartenance et de transmission de valeurs qui ont garanti sa survie. Ce sont ces liens, ces relations et ces valeurs qui doivent demeurer vivants pour l'avenir de la société. Tout politicien averti sait que valoriser la famille et les valeurs qu'elle incarne

---

2. MARIER, B. *L'école et les familles : de son ouverture à son implication.* Québec : Conseil de la famille, 1995. 51 p.

est approuvé par la population en général. Cependant, la famille a changé sous plusieurs aspects, notamment en ce qui concerne la natalité.

On a souvent l'impression que la famille typique des générations précédentes comptait un grand nombre d'enfants et que, depuis deux générations, le nombre moyen d'enfants par famille a chuté. Or, il s'agit d'une fausse perception. On trouve d'autres périodes et d'autres époques où, tout comme aujourd'hui, on donnait naissance à peu d'enfants. Au début de la Nouvelle-France, les couples engendraient en moyenne sept enfants, mais près de la moitié mouraient durant leur enfance. Cette fausse perception est liée, entre autres, à la forte croissance de la fécondité au Québec après la Deuxième Guerre mondiale et au souvenir des grandes familles rurales durant la première moitié du xxᵉ siècle.

Du point de vue démographique, notre société a été marquée au cours des dernières décennies par trois grandes tendances : la baisse de la natalité, la diminution de la mortalité infantile et une plus grande immigration. Les couples ont moins d'enfants comparativement à l'après-guerre, mais grâce à l'évolution de la science médicale, ils les gardent plus longtemps, et en santé.

Autrefois, les autorités religieuses encourageaient la natalité et rejetaient les moyens de s'y soustraire. L'apparition de moyens de contraception efficaces a libéré les parents. Désormais, l'enfant ne venait ni de Dieu ni de la Nature, mais du désir.

Ainsi, la famille a beaucoup changé non seulement en ce qui concerne le nombre de personnes qui la constituent, mais aussi sa stabilité, sa structure et son fonctionnement. Aujourd'hui, près d'une famille sur deux éclate et on assiste à la formation de nouveaux types de familles, monoparentales ou reconstituées. La famille qu'on appelle « traditionnelle » ne compte plus qu'un ou deux enfants, et on s'attache moins qu'autrefois à la famille élargie (grands-parents, oncles et tantes, cousins et cousines). La socialisation des enfants commence très tôt et se fait souvent à la garderie, car 76,4 % des mères travaillent à l'extérieur. Ainsi, le contexte dans lequel se trouvent les parents d'aujourd'hui est très différent de celui qu'ils ont connu durant leur enfance, ce qui entraîne souvent un manque de références pour eux. En effet, les parents ont peu de modèles auxquels se référer pour éduquer leurs enfants. Ce manque de repères crée une situation dont la principale caractéristique est l'insécurité des parents. Il y a moins de stabilité, familiale et sociale, et les enfants – comme les adultes – n'ont d'autre choix que d'apprendre à s'adapter au changement.

Ainsi, la baisse de la natalité, le fait que la majorité des mères occupent un emploi en dehors du foyer familial, l'augmentation de la séparation des couples, tout cela a transformé la famille.

De plus, notre société de consommation a contribué à enlever de l'importance à l'enfant au sein de la famille. Autrefois, surtout dans les campagnes, l'enfant apportait une grande contribution à la vie économique de la famille, il représentait une main-d'œuvre gratuite et utile. Aujourd'hui, bien sûr, l'enfant fait plus l'objet du désir parental, mais il représente une charge supplémentaire dans le budget familial. De plus, il est devenu une cible de choix pour les entreprises. Les agences de publicité mettent beaucoup d'énergie à susciter la consommation chez les enfants. On propose à ces derniers une variété presque infinie de jouets et de gadgets électroniques dont la plupart sont fragiles et faits pour ne pas durer, soit à cause d'une faiblesse de fabrication, soit à cause de leur incapacité à soutenir la motivation des enfants. La publicité s'empresse de rendre ces jeux désuets, afin d'en proposer de nouveaux.

Avec tous ces changements, comment la famille peut-elle continuer à jouer son rôle de cellule de base de la société ? En premier, les parents doivent résister à une attitude fataliste. Aussi longtemps que des parents jugeront que ces changements constituent des problèmes en soi, ils seront incapables de s'y adapter. Il importe que les parents se réfèrent aux valeurs de base qui fondent la famille, soit l'attachement, le soin donné aux enfants, la réponse à leurs besoins, la quête de l'autonomie de chacun, l'empathie et le plaisir de vivre ensemble. Cela oblige les parents à faire des choix fondamentaux et à combattre le plus possible pour éliminer les obstacles qui nuisent à leur rôle.

Les obstacles au rôle parental

Durant la vie humaine, il n'y a pas de tâche aussi importante que celle d'être parent, et pourtant, il y en a peu pour lesquelles nous soyons si mal préparés. Il n'existe aucune école ni cours préparatoires pour devenir parents. Ce nouveau rôle doit s'apprendre assez rapidement, *in vivo*, car les besoins de l'enfant n'attendent pas. Certains parents sont moins préparés que d'autres. De nombreux adultes n'ont jamais tenu un bébé dans leurs bras avant d'avoir leur nouveau-né. La naissance du premier enfant coïncide avec la naissance du parent. Parfois, c'est tout un choc dans sa vie ou, du moins, un changement majeur. Je me souviendrai toujours de ma première journée à la maison avec mon premier bébé. Sa mère et moi, nous nous sommes fait la même remarque, teintée d'angoisse : « Nous sommes responsables de sa vie ». Au cours de la nuit, je n'ai pas fermé l'œil, tiraillé par le doute et l'inquiétude. Je me tenais près de son berceau et je le regardais dormir. S'il cessait de respirer durant quelques secondes, je le touchais légèrement pour que sa respiration reprenne au plus tôt. J'avais peur qu'il ne meure durant son sommeil. Tout parent a ressenti, à un moment ou à un autre, une telle insécurité dans son nouveau rôle.

Un adulte a trois principaux champs d'action : ses activités professionnelles, la vie en couple et la parentalité. Dans chaque cas, l'estime de soi est en cause, même si elle varie selon les rôles sociaux et les domaines de notre vie, et surtout, selon la valeur que nous accordons à ceux-ci.

Avant la venue de l'enfant, l'adulte a pu acquérir une bonne estime de lui-même dans son travail et être valorisé dans sa relation de couple, mais pour ce qui est de l'estime de lui-même comme parent, elle est à construire. Si, de façon globale, la personne a une bonne estime d'elle-même et si elle a eu dans le passé des expériences positives dans les soins et l'éducation aux enfants, elle sera plus sûre d'elle et aura confiance en ses capacités éducatives. En effet, le nouveau parent qui a déjà eu l'occasion de s'occuper d'un nourrisson est plus susceptible d'apprendre rapidement à décoder les besoins de son bébé et à reconnaître les réactions qui lui sont propres.

La femme ou l'homme doit assumer son nouveau rôle de mère ou de père en intégrant les nouvelles habiletés parentales à l'ensemble de ses autres rôles, pour faire en sorte d'être à l'aise dans son identité. Pour plusieurs, ce nouveau rôle de parent devient heureusement une source de valorisation, de joie et de plénitude. Les nouveaux parents en viennent à vivre un sentiment d'accomplissement, leur réseau social s'enrichit et l'estime d'eux-mêmes s'affermit. Cependant, plusieurs parents trouvent dans ce nouveau rôle une grande source de stress : diminution des heures de sommeil, fatigue, conflits conjugaux, manque de temps pour soi et pour la vie de couple, restrictions sur le plan financier, social et professionnel, et grandes responsabilités face à l'enfant.

Plusieurs facteurs ont de l'influence sur l'acquisition d'une compétence parentale et ces facteurs ne se rapportent pas uniquement à des dispositions individuelles, mais aussi à des facteurs sociaux.

Pauvreté et isolement social

Le climat familial et le sentiment de compétence parentale sont influencés par les difficultés financières. Actuellement, au Canada, un enfant sur cinq vit dans la pauvreté. Tout parent désire procurer le plus de bien-être possible à son enfant, et le fait de ne pas y parvenir adéquatement provoque du stress et un sentiment d'incompétence comme parent. Ce problème, qui est devenu social, est plus fréquent dans les familles monoparentales, dont le chef est la plupart du temps une femme. Dans ma pratique, j'ai connu de nombreuses mères monoparentales contraintes de vivre de l'aide sociale, ce qui les exténuait et devenait source de détresse psychologique. Je pense, par exemple, à une jeune mère, assistée sociale, qui a deux jeunes enfants à charge et dont le père a quitté le foyer sans l'informer de sa nouvelle adresse, privant ainsi ses enfants d'une pension alimentaire. Cette jeune femme ressent dans toutes ses fibres le poids de ses responsabilités. Elle ne peut se permettre d'être épuisée ou malade, ni même de s'absenter pendant une journée. Elle doit toujours se maintenir sur la ligne de feu, à la disposition de ses enfants. Sa vie sociale est réduite, elle n'a pas d'argent pour faire des sorties et pour se payer une gardienne. Parfois, elle se permet une escapade en allant prendre un café chez une voisine. Comme d'autres femmes, elle aimerait vivre une saine relation amoureuse, mais ses sorties sont limitées et elle se demande quel homme oserait s'attacher à une femme qui a deux jeunes enfants. Il est tout à fait compréhensible que cette jeune mère en désarroi soit souvent impatiente. Des milliers de jeunes mères vivent comme elle dans notre société, et cette souffrance aiguë est muette.

La monoparentalité n'est pas en soi un facteur de risque, mais elle peut le devenir si elle est accompagnée de pauvreté et d'isolement social. Le risque est encore plus grand chez le parent adolescent. L'âge du parent n'est pas en soi un facteur de compétence parentale, c'est plutôt la combinaison de l'âge avec des conditions de pauvreté et une faible scolarité qui représentent une menace à la qualité de vie ainsi qu'à la santé du parent et de l'enfant.

Selon les statistiques, les mères adolescentes vivent plus souvent que les autres dans la solitude et sans conjoint. La plupart de ces jeunes mères doivent interrompre leurs études, recourir à l'aide sociale et vivre des périodes de grande pauvreté. Les recherches démontrent clairement que dans un tel contexte les enfants sont plus souvent prématurés et de petit poids à la naissance, et qu'ils font parfois l'objet d'abus et de négligence, accusant un retard dans leur développement et présentant des troubles de comportement.

Il est important de souligner que ce n'est pas surtout la pauvreté financière qui nuit au développement de l'enfant, mais la pauvreté culturelle. Quand j'étais jeune, nous étions huit enfants dans ma famille et nous étions pauvres comme bien d'autres familles autour de nous. Mais ma mère nous disait souvent : « Nous sommes pauvres, mais nous avons des livres ! » La pauvreté culturelle se manifeste par un manque de stimulation du langage, une privation d'activités intellectuelles et de socialisation qui provoquent chez l'enfant des retards et des difficultés d'adaptation. Cette pauvreté est plus fréquente dans les familles démunies sur le plan financier. Les enfants de milieux pauvres qui reçoivent une bonne éducation évoluent aussi bien et même mieux que les enfants des classes moyennes ou riches qui, souvent, ne sont pas assez suivis par leurs parents.

Le soutien de l'entourage a une telle influence sur le sentiment de compétence parentale et la transition au nouveau rôle de parent qu'il diminue beaucoup l'effet des autres stress. Le nouveau parent cherche à être guidé par les membres de son réseau social. Il s'informe auprès d'eux, demande l'avis des autres et se base souvent sur leurs opinions pour juger de sa compétence ou se rassurer en tant que parent. Autrefois, les parents se parlaient plus, et ils apprenaient ainsi à faire face aux problèmes d'éducation. On était rassurés par le bon sens commun. Aujourd'hui, tellement d'opinions diverses ont cours que les parents en sont parfois confus. C'est la raison pour laquelle les parents d'aujourd'hui doivent miser sur les contacts avec d'autres parents et briser l'isolement social. Lorsque des parents se rencontrent souvent, la plupart du temps, la solidarité, la générosité et l'entraide s'établissent entre eux, au profit de tous et particulièrement pour le parent qui vit de l'isolement et de la pauvreté.

Le manque de temps

Aujourd'hui, dans la majorité des familles, les deux parents travaillent à temps plein à l'extérieur du foyer familial. Ce phénomène est lié à l'augmentation des obligations financières des parents. Selon des statistiques récentes, la famille canadienne moyenne a besoin de soixante-dix-sept heures de travail rémunéré par semaine, uniquement pour payer les dépenses, et ce nombre atteint quatre-vingt-quatre heures par semaine pour les bas salariés. On comprend facilement que si les deux parents occupent un emploi, c'est souvent par obligation plutôt que par choix. Ces parents sont bousculés par le temps qu'ils doivent consacrer à leurs nombreuses responsabilités professionnelles, éducatives et ménagères. Les auteurs Watkins et col.[3] (1987), qui s'appuient sur des statistiques relatives à une étude américaine, affirment que jamais encore les parents et les enfants n'avaient profité d'aussi peu de temps ensemble.

Le manque de temps et d'énergie consacrés aux enfants représente un problème sérieux qui empêche beaucoup de parents de bien assumer leur rôle. La plupart de ces parents sont conscients qu'ils ne passent pas assez de temps avec leurs enfants. Certains se sentent coupables et cherchent à éliminer leur sentiment de culpabilité en gavant leurs enfants de biens matériels, tandis que d'autres cherchent à provoquer une autonomie trop précoce chez leurs enfants. J'ai aussi constaté que certains parents sont ambivalents quant à la discipline, à cause de leur manque de présence. Par exemple, un parent m'a avoué : « J'hésite à imposer des limites ou à frustrer mon enfant parce que je le vois à

3.   WATKINS, S.C., J. MENKEN et J. BONGAARTS. « Demographic foundations of family change. » *American Sociological Review* 1987 52 : 346-358.

peine une heure par soir. J'aime mieux que ce moment soit agréable.» Or, cela peut affecter l'estime de soi chez l'enfant. Il peut se dire : « Je n'ai pas assez d'importance aux yeux de mes parents pour qu'ils me consacrent du temps.» La vie moderne amène les parents à vivre des situations qui les accaparent et qui les poussent parfois à laisser les enfants à eux-mêmes. Il est pourtant essentiel que les enfants se sentent rassurés. C'est le grand défi des parents d'aujourd'hui : ils veulent réaliser leurs ambitions personnelles et créer en même temps des conditions favorables à l'éducation de leurs enfants. C'est pour cela qu'ils doivent miser sur leurs compétences parentales. Si on mine la confiance des parents, on affecte en même temps la confiance des enfants. L'une des bases de l'éducation est justement le sentiment de sécurité et de confiance que l'enfant ressent.

Le stress parental

Tout parent vit plusieurs sources de stress. Certains parents sont capables de bien les identifier et de les gérer, dans la mesure de leurs moyens. D'autres, plus vulnérables et démunis, sont tendus et en désarroi face à des stresseurs sur lesquels ils ont peu de contrôle. Ce qui diminue le sentiment de compétence parentale, c'est l'impuissance du parent à réduire ou à éliminer les éléments stressants qui perturbent sa vie familiale, et cela donne un sentiment de dévalorisation et d'incompétence. Il est important de souligner que la capacité de gérer ou de s'adapter au stress varie chez une même personne tout au long de sa vie, selon les événements et la situation, et que cette capacité diffère d'une personne à l'autre, selon les capacités d'adaptation de chacun et selon les contextes familiaux et sociaux.

De nombreuses recherches ont été menées pour étudier les causes et les effets du stress parental, et il serait enrichissant de procéder à une analyse exhaustive du vécu parental relatif aux éléments stressants.

Mais pour le moment, contentons-nous de traiter de l'influence du stress sur le sentiment de compétence parentale. Dans une optique de prévention, plusieurs recherches ont identifié les stresseurs de la famille. Selon des spécialistes, le stress explique la plupart des dysfonctionnements familiaux. Il est reconnu que les sources de stress sont cumulatives. En d'autres termes, plus il y a de stresseurs dans une famille, plus le taux de stress est élevé et plus il y a de problèmes dans la dynamique familiale.

Tochon et Miron[4] (2000) ont procédé, auprès de groupes de parents québécois, à une vaste recherche narrative sur le stress parental, la compétence éducative, ainsi que les attitudes et les pratiques éducatives souhaitables. Ils se sont inspirés de nombreuses recherches antérieures sur le stress et ils en ont décrit les caractéristiques telles qu'exprimées par les parents. Ces deux auteurs ont judicieusement divisé les sources de stress en précisant celles qui sont reliées au parent (sa situation physique, sociale, psychologique) et celles qui sont reliées aux enfants (leurs caractéristiques et leurs comportements).

Voici un survol des principaux facteurs de stress qui influencent le parent dans son rôle. En premier lieu, on doit décrire globalement la situation physique du parent. Celle-ci a trait à ses nombreuses obligations familiales, professionnelles, ménagères, etc. Même si l'on note une tendance des pères à s'engager plus qu'auparavant dans l'éducation des enfants et la tenue de la maison, en général, ce sont les mères qui travaillent le plus. J'ai connu de nombreuses mères épuisées et même lessivées par les tâches qu'elles assumaient. Quand la fatigue physique est constante, le parent ne peut pas se mettre vraiment à la disposition de ses enfants. Il est parfois impatient et son humeur devient instable. Il est à noter que trop de mères veulent être parfaites en tout : dans l'éducation des enfants, dans les tâches ménagères et dans

---

4. Tochon, F.V. et J.-M. Miron. *Parents responsables.* Sherbrooke (Québec) : Éditions du CRP, 2000. 220 p.

leur emploi. Les conflits conjugaux produisent de la tension dans la famille, souvent parce qu'il y a de l'injustice dans la répartition des tâches ou une révolte contre le conjoint. Comme il a été dit précédemment, la monoparentalité est une grande source de stress, surtout si elle s'accompagne de pauvreté et d'isolement. Les situations de deuil et de séparation d'avec le conjoint provoquent parfois du stress à cause des sentiments dépressifs qui en résultent et des conflits qui durent trop longtemps.

Le jugement des autres affecte la majorité des parents, surtout ceux qui ne sont pas à l'aise avec leurs responsabilités parentales. Nous savons que les jugements négatifs du personnel scolaire représentent le principal obstacle à une saine collaboration entre les parents et l'école. Les parents vivent des sentiments de culpabilité et d'incompétence dont ils cherchent à se libérer en projetant les torts sur l'école ou s'en éloignant. Il y a aussi les jugements négatifs des grands-parents, de la famille élargie et des voisins qui affectent les parents. Lorsque ces derniers sont trop souvent l'objet de réactions négatives au sujet de leurs enfants, ils deviennent tendus, à l'affût du regard des autres, et leur sentiment de compétence parentale s'anéantit facilement.

Certaines sources de stress sont liées au vécu psychologique du parent. Beaucoup de parents s'autocritiquent et se culpabilisent. Les mères sont particulièrement sujettes à de tels sentiments. Or, les sentiments de culpabilité nuisent généralement à l'évolution d'une personne. Quand un parent se sent coupable, il a tendance à se déprécier comme personne. Et en cas de dépression, temporaire ou persistante, le parent perd de l'intérêt pour les activités quotidiennes, il s'isole, devient plus passif et craint de courir des risques.

Beaucoup de facteurs de stress sont liés au développement et aux comportements des enfants. Il est reconnu que le bruit est l'un des plus grands stresseurs chez l'être humain. Je me souviens de certaines familles que j'ai visitées où les enfants faisaient un tapage infernal. On parvenait à peine à s'entendre. À la longue, le bruit produit de l'usure nerveuse. Ensuite, la fatigue ou un état dépressif rend le parent plus vulnérable au bruit.

Les maladies chez les enfants, leurs problèmes de santé et la fragilité des bébés de petits poids ou prématurés provoquent généralement de l'inquiétude et du stress chez les parents. La tension est encore plus forte quand les parents ne connaissent pas la nature de la maladie et qu'ils se sentent impuissants à soulager l'enfant. L'agitation des enfants est également une grande source de stress, surtout quand les parents sont préoccupés ou fatigués. Il est tout à fait compréhensible qu'un parent ayant un enfant hyperactif devienne à l'occasion excédé, impatient et même agressif. Beaucoup de parents sont stressés par rapport à la discipline qu'ils doivent imposer aux enfants, surtout quand ceux-ci sont opposants ou manipulateurs. Quand les enfants ne tiennent pas compte des exigences des parents, ces derniers finissent par devenir stressés. Parfois, ils adoptent une attitude trop rigide, tandis que d'autres démissionnent. De nombreux parents m'ont dit ressentir du stress à argumenter constamment avec leurs enfants, qui cherchent à négocier des privilèges.

Les conflits entre les enfants produisent souvent de la tension au sein de la famille. Les parents jouent alors le rôle d'arbitres ou de juges, mais dans bien des cas, les conflits dans la fratrie deviennent plus intenses quand les parents s'en mêlent trop. Pour stresser les parents, il y a également les événements imprévus, les négociations autour de l'heure du coucher et les caprices alimentaires.

Une grande source de stress pour les parents concerne l'accessibilité aux milieux de garde, les retards de développement et les difficultés d'adaptation et d'apprentissage chez leurs enfants. Le stress est particulièrement important si les parents n'ont pas de soutien social ou s'ils sont à bout de ressources.

Beaucoup de ces stress sont inévitables dans une vie familiale. Comme il a été mentionné au chapitre cinq, le stress n'est pas néfaste en soi, mais il peut produire des effets très négatifs et perturber l'harmonie familiale, si les parents ne peuvent le fuir ou le combattre en utilisant des stratégies pour résoudre les problèmes. Quand le parent se sent impuissant, pris dans un cul-de-sac, il subit du stress et son sentiment de compétence parentale diminue.

Voici quelques stratégies qui favorisent la gestion du stress et la solution de problèmes, et qui contribuent à améliorer le sentiment de compétence parentale :

- Bien identifier le problème, sans le dramatiser ni le minimiser. Consulter les personnes autour aide parfois à relativiser le problème ou à le percevoir de façon réaliste ;
- Évoquer le souvenir de problèmes semblables qui ont été solutionnés dans le passé ;
- Prendre note des solutions qui ont été proposées et qui se sont avérées efficaces ;
- Faire une liste des succès passés dans la résolution de problèmes ou la réduction de stresseurs ;
- Récupérer l'estime de soi en dressant une liste de ses compétences et en les appuyant d'exemples concrets ;
- Consulter ses amis ou des personnes qu'on juge crédibles pour obtenir des stratégies de solution ;
- Faire un « remue-méninges » pour trouver toutes les solutions possibles ;
- Évaluer la pertinence de chacune des solutions en tenant compte des expériences passées et en fonction du problème présent ;
- Reposer son esprit pendant quelque temps. Sur ce plan, certains parents ont de la difficulté parce qu'ils sont impatients de trouver la bonne solution. Pourtant, la créativité nécessite une période d'incubation, qui permet de prendre une certaine distance par rapport au problème afin d'avoir plus d'objectivité. Il faut se dire que le temps fait son œuvre ;

- Identifier la solution qu'on évoque le plus souvent ;
- Appliquer la solution ;
- Évaluer après coup l'efficacité de la solution.

On dit qu'il n'y a pas de problèmes, car il n'y a que des solutions.

De cette affirmation, retenons surtout que le plus important pour un parent, c'est de se rendre compte que beaucoup de stresseurs ou de problèmes peuvent être solutionnés en utilisant ses ressources personnelles ainsi que l'aide des autres, ce qui donne le sentiment de contrôler les situations et d'avoir une certaine compétence parentale. Si un problème s'avère insoluble, le parent doit apprendre à vivre avec cette situation dans le souci de préserver son bien-être et celui de ses enfants.

Le parent porteur de son histoire

La majorité des adultes qui ont le sentiment d'avoir eu de bons parents éduquent leurs enfants comme ils se souviennent d'avoir été eux-mêmes éduqués. La parentalité s'inscrit dans un continuum. Chaque parent a sa propre histoire et ses propres parents. Il est inutile d'essayer d'éliminer notre passé, il est présent en nous, et il influence notre comportement, consciemment ou non. Le parent est porteur des souvenirs de son enfance, certains sont agréables, d'autres négatifs, et plusieurs sont refoulés dans l'inconscient. Ainsi, les expériences passées influencent les attitudes du parent envers ses enfants. Comme le mentionne le docteur Michel Lemay (2001) : « Nous mettons sur nos enfants les "fantômes de notre passé", et il n'y a rien d'effrayant à cela puisque le dynamisme parental prend sa source dans ce qui est présentement, dans ce qui a été par le passé et dans ce qu'évoque l'avenir[5]. » Il est souhaitable que le parent soit le plus conscient possible du contenu et des caractéristiques

---

5. LEMAY, M. *Famille, qu'apportes-tu à l'enfant ?* Montréal : Éditions de l'Hôpital Sainte-Justine, 2001. p. 38.

de sa propre éducation afin de faire un choix libre dans la façon d'éduquer ses enfants. Il est opportun que le parent fasse un bilan de son enfance et de sa jeunesse pour parvenir à évaluer de façon mature sa responsabilité parentale. Ainsi, comme le mentionne le docteur Lemay (2001) : « Il est donc souhaitable de porter un regard lucide sur sa propre aventure d'enfant, d'adolescent et de jeune adulte, afin de mieux comprendre le poids de cette aventure dans la démarche parentale.[6] »

En faisant le point de la sorte, le parent peut se dire : « J'ai de bons souvenirs de mon enfance qui sont encore vivaces, des souvenirs d'amour et de plaisir, j'avais de l'importance aux yeux de mes parents, et ils ont parfois fait des erreurs qui m'ont fait ressentir de l'injustice et de la peine, mais je comprends pourquoi ils ont agi de la sorte, compte tenu de leurs personnalités et de l'époque dans laquelle ils vivaient. Malgré cela, je garde quelque chose de bon de mon enfance. » À la suite d'une telle démarche d'analyse de son passé, qui peut être plus ou moins longue, le parent peut jeter un regard lucide sur son rôle. Il est alors libre de faire des choix personnels : « Compte tenu de mes valeurs et des principes de vie que je retiens de mon passé, quel sera mon style personnel et les valeurs sur lesquelles je vais me fonder pour éduquer mon enfant ? »

Le parent doit comprendre et pardonner les erreurs du passé afin d'éviter de répéter les attitudes qu'il a réprouvées chez ses propres parents. En effet, certains adultes croyant s'être affranchis des conflits qui les ont marqués avec leurs parents tentent par réaction d'éduquer leurs enfants autrement, comme ils auraient voulu l'être, ou en adoptant des attitudes éducatives complètement contraires, plutôt qu'en s'inspirant de l'éducation qu'ils se rappellent avoir reçue. Une telle attitude réactionnelle est souvent vouée à l'échec, surtout dans des états de tension. Il est fréquent que des parents, après s'être jurés de ne pas reproduire

---

6. LEMAY, M. *Ibid.* p. 39.

ce qu'ils avaient subi durant leur enfance, répètent les attitudes de leurs propres parents quand ils sont dans le feu de l'action, en état de stress. Dans ces circonstances, le parent peut ressentir de la colère face à lui-même ou encore se sentir coupable. Ce phénomène de répétition compulsive, d'une génération à l'autre, est lié à des conflits non résolus. L'identification au parent est présente, souvent pour le meilleur, mais parfois pour le pire. Ainsi, il est reconnu que la majorité des parents qui disent des mots blessants à leurs enfants ont eux-mêmes subi de la violence verbale durant leur enfance. Souvent, ils étaient bien déterminés à ne pas redire ces mêmes paroles à leurs propres enfants.

Le sentiment de compétence parentale

« Être parent n'est pas un métier. Il ne suffit pas de se former ou de s'informer pour acquérir des compétences de parent. L'engagement vis-à-vis de l'enfant est trop vif pour ne pas éveiller toutes ses résonances inconscientes ainsi que l'enfant que l'on a été soi-même. Être parent c'est marcher à l'intuition, c'est donc être capable de se faire confiance et en même temps de se remettre en cause[7]. »

Cette citation reflète bien la complexité et la richesse du rôle parental. Tout n'est pas rationnel dans l'éducation, loin de là. Il existe une charge intuitive et relationnelle dans les rapports parent-enfant que l'on ne peut totalement cerner et expliquer.

Selon l'opinion populaire, un bon parent possède des habiletés humaines adaptées à son rôle : il est capable de vivre une bonne relation avec son enfant, de bien répondre à ses besoins et de favoriser son développement dans des conditions convenables. Le docteur Lemay (2001) a une perspective dynamique de la compétence parentale : « [...] la compétence parentale, cet ensemble de forces qui, au fil des jours, tissent le creuset d'une deuxième naissance de

---

7. LIAUDET, J.C. *Dolto expliquée aux parents*. Paris : L'Archipel, 1998. 216 p.

l'enfant, celle de la vie psychique[8]. » Le Conseil de la famille (1995) appuie également ce point de vue développemental en mentionnant que « la compétence parentale correspond à la qualité des attitudes posées dans les gestes éducatifs à l'égard du développement de l'enfant[9] ». Ainsi, il faut toujours mettre en relation les habiletés des parents et les besoins développementaux des enfants.

Pour être un bon parent, il faut avoir adopté les attitudes et les habiletés nécessaires pour répondre adéquatement aux besoins et au rythme de développement de l'enfant. Selon Ballenski et Cook[10] (1982), la compétence parentale se définit par l'habileté concrète du parent à répondre aux besoins de son enfant. Il faut cependant distinguer la compétence proprement dite du sentiment de cette compétence, c'est-à-dire le jugement qu'un parent porte sur lui-même et sur sa compétence parentale. Ce jugement est déterminé par l'estime de soi, par l'évaluation de ses propres habiletés, par le degré de confiance en soi qui résulte du passé, et par l'ensemble des interactions avec son milieu. Il est important de souligner que le sentiment de compétence qu'une personne vit dans son rôle de parent a des répercussions sur sa compétence réelle. J'ai souvent été intrigué par le fait que certains parents adoptaient des attitudes et des moyens éducatifs bien adaptés aux besoins de leurs enfants et que, malgré tout, ils se jugeaient malheureusement peu compétents. Il y a lieu de se demander si ces parents étaient trop exigeants envers eux-mêmes. Ils sous-estimaient leurs compétences, alors que d'autres, peut-être pour bien paraître, surestimaient leurs habiletés parentales quand, dans les faits, leurs attitudes n'étaient pas du tout adéquates envers leurs enfants.

8. LEMAY, M. *Op. cit.* p. 22.

9. *Ibid.*

10. BALLENSKI, C.B. et A.S. COOK. « Mothers' perceptions at their competence in managing selected parenting tasks.» *Family Relations* 1982 31 : 489-494.

Ainsi, le sentiment de compétence parentale comporte trois dimensions : l'évaluation personnelle que chacun fait de la qualité de ses habiletés et de ses connaissances comme parent, la valeur qu'il accorde à son rôle de parent et le degré de satisfaction personnelle qui s'y rattache. En fait, plus un adulte valorise son rôle de parent, plus il constate qu'il obtient du succès par un bon développement de son enfant, et plus son sentiment de compétence parentale augmente, ainsi que sa satisfaction personnelle. Par contre, certains préalables sont essentiels chez l'adulte pour acquérir une compétence parentale : une maturité affective, un bon fonctionnement intellectuel et des attentes réalistes par rapport à son rôle parental. Un parent immature, trop centré sur ses propres besoins et qui n'a pas appris à contenir ses pulsions, a certainement de la difficulté à reconnaître les besoins de son enfant et à avoir de l'empathie pour lui. Le parent trop rigide ou limité dans sa capacité d'introspection a beaucoup de difficulté à s'adapter à la nouveauté et à ajuster ses attitudes. Finalement, le parent qui a une conception trop idyllique de l'enfance, et qui a des attentes trop élevées par rapport à son enfant, risque de vivre des échecs et des déceptions dans son rôle.

Le sentiment de compétence parentale s'appuie sur l'histoire personnelle du parent qui a produit un ensemble d'attitudes, d'attentes, de sentiments, de conflits et de valeurs issus du passé et du présent. En s'appuyant sur ses représentations d'hier et d'aujourd'hui, l'adulte développe un sentiment de compétence parentale qui devient une base sur laquelle il prend ses décisions, évalue ses attitudes et son comportement, et s'affirme en tant que parent.

Deux attitudes fondamentales génèrent le sentiment de compétence parentale et la compétence réelle : la capacité d'attachement et l'empathie. La plus belle richesse qu'on peut donner à l'enfant, c'est de tomber amoureux de lui. L'attachement établit des liens indélébiles, viscéraux et inconditionnels entre le parent et l'enfant. Plusieurs travaux portant sur la relation d'attachement parent-enfant concluent que la qualité de la relation affective vécue durant les premières années amène l'enfant à mieux accepter les demandes des parents, à développer une plus grande capacité d'autocontrôle et à vivre plus d'harmonie dans ses interactions avec le parent. Selon Steinhauer (1999) : « L'expérience acquise auprès de la figure parentale fournira à l'enfant un modèle de ce qu'il peut attendre de ses relations avec d'autres personnes. Les attentes élaborées par l'enfant à partir de ses expériences avec ses figures principales d'attachement déterminent ce qu'il peut anticiper des autres, et, de là, les modes de relations qu'il engagera avec eux[11]. » Cette citation rejoint la théorie de Erik H. Erikson[12] quand il parle de la confiance de base comme attitude face à la vie.

L'empathie est également une attitude essentielle dans la réponse adéquate aux besoins de l'enfant et l'acquisition d'un sentiment de compétence parentale. Le docteur Lemay (2001) définit l'empathie comme étant : « [...] une prise de conscience intuitive de la part d'un parent face aux premiers appels, aux inconforts et aux capacités émergentes de l'enfant, que ses signaux soient gestuels, toniques, émotifs, sonores, olfactifs ou préverbaux.[13] » Ainsi, cela suppose de la part du parent d'être réellement disponible et à l'écoute de l'enfant, de se décentrer de soi pour décoder et comprendre ses besoins, et cela, durant toute son enfance et son adolescence. Cette sensibilité du parent et la souplesse de ses comportements sont des compétences essentielles pour favoriser un bon développement de l'enfant. Ce sont ces compétences qui permettent de décoder les besoins de l'enfant et d'y répondre adéquatement. Selon Steinhauer (1999) : « [...] la qualité des soins influera sur la structure et le fonctionnement du cerveau chez l'enfant, ce qui aura des répercussions sur sa

11. STEINHAUER, P.D. « Être parent dans la société d'aujourd'hui.» *Revue Prisme* 1999 29 : 9.

12. ERIKSON, E.H. *Enfance et société.* Neuchâtel : Delachaux et Niestlé, 1966.

13. LEMAY, M. *Famille, qu'apportes-tu à l'enfant?* Montréal : Éditions de l'Hôpital Sainte-Justine, 2001. 206 p.

manière de penser, d'agir, de résoudre des problèmes et de se relier à autrui. »[14] Ainsi, la relation d'attachement et l'empathie par rapport aux besoins des enfants sont des aliments essentiels à un bon développement.

Tochon et Miron[15] (2000), dans leur recherche sur le vécu des parents, ont divisé le sentiment de compétence parentale en deux grandes catégories : le sentiment d'efficacité et le sentiment de satisfaction. Le sentiment d'efficacité concerne le degré d'habileté à résoudre des problèmes quotidiens reliés au rôle parental, tandis que le sentiment de satisfaction concerne la dimension affective et le plaisir à jouer son rôle de parent. Voyons maintenant comment ces composantes se manifestent dans la vie quotidienne du parent.

Le sentiment d'efficacité

Vouloir être efficace dans l'éducation des enfants est souvent une préoccupation chez les parents. Au cours de mes entretiens et de mes conférences, beaucoup de parents posent des questions relatives à la discipline, à la communication, à la négociation, à la responsabilisation des enfants, etc.

La discipline revient souvent comme sujet de préoccupation. Nous avons vu dans le chapitre deux comment les règles de conduite sont importantes pour donner à l'enfant un sentiment de sécurité psychologique. Ces règles doivent garantir une marge de liberté à l'enfant, tout en lui donnant des balises pour adapter son comportement aux réalités physiques et sociales qui l'entourent, et cela, en lui transmettant des valeurs. Un enfant a certainement besoin de limites dans son développement, d'abord pour le protéger et ensuite pour intégrer des valeurs et des habiletés sociales. Grâce à des limites imposées de l'extérieur, l'enfant parvient graduellement à se mettre lui-même des limites,

---

14. Steinhauer, P.D. *Op. cit.* p. 11.

15. Tochon, F.V. et J.-M. Miron. *Parents responsables.* Sherbrooke (Québec) : Éditions du CRP, 2000. 220 p.

c'est-à-dire à s'autocontrôler. Les règles de conduite doivent posséder cinq qualités : être claires, concrètes, constantes, cohérentes et conséquentes. La recherche cognitive sur la mémoire active conclut qu'un enfant de 5 à 12 ans peut retenir cinq règles de conduite à la fois.

En général, les parents éprouvent plus de difficultés à être constants dans l'application des règles. Il est normal qu'on vive parfois une variation d'humeur. Cependant, c'est la constance qui permet à l'enfant de se sentir en sécurité parce que les réactions de l'adulte sont prévisibles. Le manque de constance fait vivre au parent un sentiment d'inefficacité ou l'impression d'être incapable de maîtriser des situations.

Le style disciplinaire le plus respectueux de l'enfant, et qui favorise chez lui l'intégration de valeurs ainsi qu'un sentiment de sécurité, est le style démocratique. En général, les parents démocratiques cherchent à développer l'autonomie des enfants. Ils sont constants, fermes et conséquents dans leurs demandes. Les valeurs qu'ils veulent transmettre sont claires et adaptées aux capacités des enfants. Ces parents sont ouverts à la communication avec leurs enfants, ils tiennent compte de leurs points de vue. Mais dans la vie, au quotidien, cela n'est pas facile. Le parent doit toujours garder en tête les valeurs qu'il veut transmettre et les besoins de l'enfant.

Le parent doit parfois s'ouvrir à la négociation avec son enfant pour lui permettre d'exprimer en toute confiance ses idées et ses sentiments. Il ne faut pas toujours interpréter le désir de négociation de l'enfant comme une tentative de manipulation. L'enfant a besoin de savoir qu'il a son mot à dire, mais le parent doit tout de même éviter les longues argumentations qui donnent trop de pouvoir à l'enfant. Par exemple, il est important que le parent sache expliquer les raisons de ses décisions. En général, l'enfant est plus porté à coopérer quand il comprend le bien-fondé de la position du parent. L'enfant perçoit que le parent a fait appel à son intelligence. Il est profitable de négocier avec son enfant et de lui expliquer les raisons des décisions, mais à certains moments, le parent doit être capable de dire non pour mettre un terme à la négociation quand la situation a été bien expliquée et qu'aucune concession n'est possible. Le parent nourrit son sentiment de compétence parentale quand il a appris à se respecter et à se faire respecter.

Beaucoup de parents se plaignent du fait que leurs enfants refusent d'assumer de petites responsabilités à la maison. J'ai constaté, en effet, que trop d'enfants se comportent comme des pachas à la maison. Leurs parents sont leurs serviteurs. Même un enfant très jeune est capable, selon ses capacités, d'assumer de petites responsabilités qui, de plus, le valorisent. Il est surtout important de comprendre que l'enfant doit apprendre à faire des gestes gratuits pour le bénéfice de l'ensemble de la famille. La générosité s'apprend, et parfois, elle doit être imposée pour aider l'enfant à dépasser son égocentrisme. Aussi, l'enfant doit devenir conscient de la responsabilité de ses gestes et de ses paroles, et les assumer par des conséquences réparatrices. Il apprend de la sorte à faire des choix et à en être responsable en assumant les conséquences de ses gestes.

Le sentiment de satisfaction

Ce sentiment que le parent doit éprouver est très important pour la dynamique de la famille, car celle-ci a trait au plaisir d'être ensemble grâce aux relations significatives qui se tissent. Le sentiment de satisfaction est relié à la cohésion et à l'unité familiale, ainsi qu'au sentiment d'appartenance. Il se manifeste par un état de bien-être des enfants et des parents dans la famille.

La plupart des parents ressentent de la satisfaction quand ils accordent du temps à leurs enfants. Parfois, ils doivent faire un choix de priorités, en éliminant des activités moins importantes pour vivre plus d'activités familiales. Il faut un certain effort pour passer du temps ensemble, parce que les parents sont très sollicités par toutes sortes d'activités professionnelles, sociales ou de loisirs.

Il n'y pas de danger que les enfants aient trop d'affection. Les mauvaises habitudes et les caprices, c'est autre chose. Les parents ne doivent pas hésiter à avoir des gestes affectueux ou à faire des câlineries à leurs enfants. Il s'agit tout simplement d'expressions de leur attachement. La plupart des parents aiment donner de l'affection à leurs enfants et ils en retirent de la satisfaction. Les contacts affectueux peuvent être corporels ou verbaux. Ils énergisent autant l'enfant que le parent.

Quand le parent se met à la disposition de son enfant, il se sent plus compétent. Cela n'est pas toujours facile, parce que des préoccupations peuvent meubler ses pensées. La disponibilité psychologique est un préalable à l'empathie. Souvent, les parents sont satisfaits d'eux-mêmes quand ils vivent des moments seuls avec chacun de leurs enfants.

Beaucoup de parents m'ont raconté avec plaisir des scènes durant lesquelles ils ont joué avec leurs enfants. Ils se sont abandonnés dans le plaisir, par exemple à la campagne ou parfois à la maison, dans des jeux de société. Ils étaient souvent ravis de reprendre contact avec ce côté enfant en eux qu'ils avaient oublié.

L'humour est un bon moyen de réduire le stress. Il permet de dédramatiser des situations et d'adopter une attitude plus sereine. Les taquineries, le rire, les espiègleries sont des modalités qui sèment de la joie dans la famille. Il faut éviter les sarcasmes ou l'humour noir qui blesse. Les parents vivent de la satisfaction quand tout le monde se permet de rire ensemble. Il s'agit là d'une attitude d'hygiène psychologique.

L'obsession de la performance peut contaminer un esprit de famille. Tout parent qui respecte le rythme personnel de son enfant a une relation détendue avec lui. Il est important que le parent tienne compte du caractère unique de son enfant et le laisse aller à son rythme tout en le soutenant dans son apprentissage. Vouloir accélérer le rythme de l'enfant ne peut que lui créer du stress de performance. Il est important qu'on évite de comparer les enfants entre eux, ce qui provoque de la rivalité et de la tension. Le parent se sent compétent quand il se rend compte qu'il respecte le rythme de son enfant.

L'enfant manifeste parfois le désir de participer à la maison à des activités qui sont souvent réservées aux adultes. Par exemple, quand il s'agit de peindre une pièce, le parent peut demander à l'enfant de brasser la peinture ou de poser des rubans gommés. Les parents sont satisfaits d'eux-mêmes quand ils ont intégré leurs enfants à des projets familiaux en leur confiant de petites responsabilités adaptées à leurs capacités.

Il est important que le parent accepte ses limites. Certains enfants ont des tempéraments plus difficiles que d'autres. Plus l'enfant a un tempérament difficile, plus la compétence du parent et son engagement éducatif sont importants, car d'emblée, c'est le parent qui a le plus d'influence pour aider son enfant à réduire les difficultés propres à son tempérament et pour favoriser son adaptation. Le parent doit aussi s'affirmer en imposant ses limites et en se faisant respecter, tout en aidant son enfant à prendre conscience de son comportement et à trouver des moyens de s'adapter.

Les sentiments d'efficacité et de satisfaction, comme composantes du sentiment de compétence parentale, sont complémentaires et s'influencent réciproquement. Comme le mentionnent Tochon et Miron (2000), « la satisfaction naît du sentiment d'efficacité et le sentiment d'efficacité, du sentiment de satisfaction ; l'efficacité apporte une satisfaction et le sentiment de satisfaction confère le sentiment que l'on est efficace. »[16] C'est un peu comme le problème de la poule et de l'œuf, mais le sentiment d'efficacité est relié aux habiletés ou au savoir-faire du parent, tandis que la satisfaction est plus affective et relationnelle.

---

16. TOCHON, F.V. et J.-M. MIRON. *Op cit.* p. 84.

Trop de parents veulent être parfaits dans l'éducation de leurs enfants, mais cela est irréaliste. Comme l'a mentionné Bruno Bettelheim[17] (1988), un enfant n'a pas besoin d'un parent parfait, mais plutôt d'un parent acceptable. L'enfant a besoin de s'identifier à une vraie personne, avec ses forces et ses limites, et qui fait parfois des erreurs. Selon les connaissances actuelles des besoins développementaux des enfants, voici les principales caractéristiques[18] d'un parent compétent qui guide efficacement le développement de son enfant. Ce parent:

- Adopte de saines habitudes de vie;
- Répond aux besoins de son enfant;
- Assure sa sécurité physique;
- Assure par sa présence à l'enfant une stabilité dans le temps et dans l'espace;
- Est disponible pour son enfant;
- Est empathique face à son enfant;
- Favorise un attachement sécurisant;
- Stimule son enfant sur les plans corporel, sensoriel, intellectuel, social et moral;
- Respecte le rythme de développement de l'enfant;
- Est ouvert à la communication avec son enfant;
- Tient compte, la plupart du temps, des idées et des opinions de son enfant;
- Propose des alternatives à son enfant;
- Établit des limites claires;
- Prend des décisions sans ambivalence sur ses valeurs;
- Est un modèle de valeurs intégrées;
- Est capable d'être ferme sur certains points importants et souple sur d'autres;
- Aide l'enfant à assumer ses responsabilités;

---

17. BETTELHEIM. B. *Pour être des parents acceptables.* Paris: Laffont, 1988.
18. DUCLOS, G., D. LAPORTE et J. ROSS. *Les besoins et les défis des enfants de 6 à 12 ans: vivre en harmonie avec des apprentis sorciers.* Saint-Lambert (Québec): Éditions Héritage, 1994. 367 p.

- Évite les luttes de pouvoir ;
- Favorise la curiosité de son enfant ;
- Favorise la vie sociale de son enfant.

Le parent qui se reconnaît dans la majorité de ces caractéristiques est justifié d'avoir un bon sentiment de compétence parentale. Quand les enfants vont bien à la maison et que tout le monde se sent à l'aise, le parent n'a pas à se poser de questions, même s'il ne fait pas comme le voisin ou comme ça se passe à la télévision. Le parent peut se fier au fait que tout le monde ressent du bien-être. Cependant, il y a des périodes où les choses vont moins bien. Il y a des conflits et de la rivalité. Cela n'est pas nécessairement de la faute des parents. Tout peut dépendre de ce qui se passe à l'école ou dans le voisinage. Ce qui importe, c'est de réagir à la situation sans se laisser envahir par l'insécurité. À la base de l'éducation, il y a la constance et la souplesse. Il faut les deux. Beaucoup de parents me disent : « J'ai essayé cela et ça n'a pas fonctionné. » Mais ils ont essayé durant trois jours. Avec les enfants, la constance est très importante. Il faut toujours insister et, surtout, répéter. Je ne connais pas d'enfants qui obéissent au doigt et à l'œil. L'éducation impose beaucoup de patience de la part des parents.

J'ai observé souvent que les enfants hésitent à prendre des responsabilités et, à cet égard, les parents sont souvent trop surprotecteurs. Il faut que les enfants apprennent à agir davantage par eux-mêmes : qu'ils soient capables de faire leur toilette et leurs travaux scolaires. Il faut imposer certaines limites, mais ils doivent apprendre à régler des choses par eux-mêmes. Aujourd'hui, les parents veulent tout régler à la place des jeunes, peut-être parce qu'ils ont moins d'enfants. Si un enfant a un conflit avec son enseignant, les parents veulent rencontrer le directeur. Si ça ne va pas avec le petit voisin, ils vont téléphoner aux parents. Si l'enfant ne veut pas manger ce qu'il y a dans son assiette, ils vont lui préparer un autre repas. Dans la vie, il y a des situations difficiles et les enfants doivent apprendre progressivement à y faire face. Même si les parents n'ont qu'un seul enfant, il faut que ce dernier vive certaines frustrations et qu'il réussisse à les surmonter. Cela fait partie de l'éducation.

Je déplore beaucoup le fait que trop de parents ne se font pas confiance et ont un faible sentiment de compétence. Chaque parent est encore celui qui est le mieux placé pour régler les problèmes d'éducation, au meilleur de son intuition et de sa connaissance. Il faut s'appuyer sur le passé pour en tirer des leçons. Il faut penser à l'avenir pour voir où on s'en va. Mais ce qui importe le plus, c'est d'agir et de réagir maintenant, tel que l'on est, avec confiance et en se fiant à son intuition. Les grandes erreurs en éducation, on les connaît : c'est de battre ses enfants, de les négliger, de les maltraiter en paroles, de ne pas être disponible et présent, de ne pas les aimer et de ne leur imposer aucune limite. S'il évite cela et qu'il s'adapte au fur et à mesure aux événements et aux circonstances, le parent est en droit de se sentir compétent.

CHAPITRE 7

L'estime de soi chez l'enseignant

L'enseignant joue un rôle fondamental dans notre société. On lui confie la lourde tâche d'éduquer et de former les adultes de demain, en continuité et en complémentarité avec les rôles éducatifs des parents. Malheureusement, cette noble vocation est souvent discréditée dans une partie de la population, à cause de préjugés malsains et de jugements gratuits.

Par contre, des dizaines de parents témoignent de leur estime des enseignants. C'est ce que j'ai connu durant mes années de pratique, où je voyais des parents se donner la peine d'échanger avec les enseignants et participer à la vie de l'école. Ils voyaient bien que la tâche des enseignants est difficile, exigeante, méconnue et ingrate. Ils voyaient aussi que la plupart des enseignants aiment leur métier et que, grâce à eux, les élèves évoluent beaucoup dans leurs apprentissages et leur personnalité.

Cependant, j'ai constaté à maintes reprises depuis quelques années que des enseignants dévoués et aimant leur profession deviennent amers et perdent une part de leur motivation. Plusieurs sont moroses et ressentent une baisse d'estime d'eux-mêmes et de leurs compétences. C'est une triste situation, difficile à comprendre, puisque nos enseignants sont bien formés et compétents. Toutefois, ils semblent n'être pas assez conscients de leurs qualifications et sans doute la population n'est-elle pas assez informée des compétences que possède la majorité d'entre eux.

On définit l'estime de soi comme l'évaluation qu'une personne fait de sa propre valeur et qui se manifeste, notamment, par le degré de satisfaction d'elle-même. Heureusement, la plupart des enseignants trouvent à tout le moins des satisfactions dans leurs relations avec les élèves.

Sur le plan des compétences, l'estime de soi se manifeste par la volonté d'être efficace et d'avoir du succès dans son travail. Les enseignants veulent se sentir fiers de leur travail auprès de leurs élèves. La fierté, c'est la récompense affective qu'une personne se donne à la suite d'un succès. Ce n'est pas de l'orgueil, mais au contraire un sentiment très sain. Il est regrettable que ces sentiments de fierté soient si peu partagés par la population.

Fafard[1] cite Mruk[2] qui décrit ainsi l'estime de soi :

L'estime de soi, c'est…

« Un facteur qui peut influencer le comportement et être influencé par celui-ci dans un contexte social. »

Le regard positif des autres influence l'estime de soi chez une personne. L'approbation ou la désapprobation des autres s'intègre dans l'évaluation de soi chez un enseignant, bien que l'opinion des autres ne doive pas être la principale source d'estime de soi. Si c'était le cas, toute personne deviendrait dépendante de l'approbation des autres pour juger positivement de sa propre valeur.

L'estime de soi, c'est…

« Le produit d'un processus de développement continu qui, même en subissant l'influence du passé, reste modifiable à de nouvelles situations. »

Durant toute notre vie, l'estime de soi varie selon les étapes et les domaines de notre existence. Elle peut se développer à tout âge et régresser temporairement à la suite d'un échec ou d'une épreuve. Ainsi, l'estime de soi chez

---

1 FAFARD, J. « L'estime de soi et l'intervention ». Revue Défi jeunesse 1997 4 (23).
2 MRUK, C.J. Self-Esteem Research, Theory and Practice. 3rd ed. New York : Springer Publishing, 2006.

l'enseignant varie durant sa carrière. Elle peut s'affaiblir temporairement ou s'enrichir au cours des années, selon les expériences.

L'estime de soi, c'est…

« Un phénomène global se traduisant par un certain niveau général qui influence nos façons de faire et d'être, tout en demeurant ouvert à des situations pouvant l'affecter positivement ou négativement. »

Il ne faut pas penser que l'estime de soi est la clé de tous les comportements. Néanmoins, elle est toujours active et associée à différents comportements en relation avec un sentiment de compétence et de valeur. L'estime est un jugement positif de sa personne par rapport à ses qualités, son potentiel et ses compétences, tout en se gardant conscient de ses difficultés et de ses limites dans certains domaines. On ne peut pas avoir trop d'estime de soi, si l'on est conscient de ses difficultés et de ses lacunes, comme on ne peut avoir trop de santé physique. L'estime de soi est un facteur de santé mentale.

L'estime de soi, c'est…

« Un phénomène personnel (aspirations, réalisations, compétences) et un phénomène interpersonnel (contexte social, contexte du milieu, valeurs personnelles). »

Un enseignant qui a une bonne estime de lui-même ne cherche pas à se montrer supérieur à ses collègues. Il ne cherche pas non plus à se mesurer aux autres dans des situations de concurrence. Il est suffisamment conscient de ses compétences, il ne ressent pas le besoin de prouver quoi que ce soit à qui que ce soit. Au contraire, les enseignants qui doutent d'eux-mêmes sont portés à se méfier de leurs collègues et à avoir des relations hostiles avec ceux qu'ils perçoivent comme des menaces. Le fait de ne pas se méfier des autres ou de la concurrence est l'une des manifestations d'une bonne estime de soi.

Contexte théorique

Il y a des racines historiques à la morosité des enseignants et à la faible estime de leurs compétences. Quand on a instauré le système scolaire au Québec, au XIXᵉ siècle, des conflits se sont produits entre l'Église catholique et les laïcs canadiens-français, en général plus scolarisés et libéraux. Ces conflits concernaient le pouvoir sur le corps enseignant et les écoles. C'est l'Église qui a finalement remporté ces luttes et elle a fait en sorte que le corps enseignant soit composé surtout de femmes, des laïques célibataires ou des religieuses.

Ainsi, le pouvoir ecclésiastique a été confirmé dans le domaine de l'éducation. Le travail des institutrices était étroitement supervisé par les commissaires d'école, les curés et les inspecteurs du Département de l'instruction publique. La très grande majorité des personnes qui régissaient les institutrices était des hommes. Pour briser leur isolement et pour être solidaires, les institutrices des milieux urbains et ruraux exprimaient leurs opinions dans des revues pédagogiques et faisaient la promotion de leurs droits, entre autres en revendiquant le principe des salaires égaux. Cependant, les autorités considéraient peu ces opinions.

Au cours des années 1950 et 1960, le clergé et les communautés religieuses ont beaucoup perdu de leur influence en éducation. Le système scolaire est devenu plus laïque et on assista à une plus grande présence d'hommes laïques dans les écoles primaires et secondaires.

Avec la création du ministère de l'Éducation en 1964, il y eut concentration de la gestion et des pouvoirs décisionnels au gouvernement et dans les commissions scolaires. Ce phénomène a contraint les enseignants à travailler dans un système où se développaient l'administration et la bureaucratie, qui ont exercé et exercent toujours leur pouvoir sur les enseignants. Ainsi, une distance s'est creusée entre les administrateurs et les pédagogues, ainsi qu'entre les centres de décision (gouvernement et commissions scolaires) et les lieux d'exécution, en l'occurrence les classes.

Cette concentration du pouvoir, loin des écoles, a réduit la marge de manœuvre des enseignants. On leur a imposé des programmes-cadres très hiérarchisés, avec de nombreux objectifs de formation intermédiaires et terminaux, ainsi que des contenus d'apprentissage. On a remplacé la pédagogie centrée sur l'élève par une pédagogie centrée sur des objectifs. On a imposé aux enseignants une « mécanique » d'objectifs en concentrant leur attention sur le rendement mesuré des élèves. Telle est encore la réalité aujourd'hui.

Au fil des années, à mesure qu'apparaissaient de nouveaux phénomènes dans la société, la tâche des enseignants devenait de plus en plus complexe. En outre, plusieurs facteurs ont eu des effets négatifs sur les apprentissages scolaires, comme l'apparition des médias de masse et l'évolution de nombreuses familles vers des modèles de familles recomposées et monoparentales.

Dans les écoles secondaires, on a accordé beaucoup d'importance à la spécialisation des enseignants. Ce phénomène existe encore aujourd'hui, ce qui a transformé l'enseignant en « machine à enseigner », à cause du nombre de groupes qu'il doit rencontrer chaque semaine. Dans ce contexte, l'enseignant n'a pas assez de contacts avec les élèves pour développer avec eux des relations significatives. À cause de la baisse du nombre d'élèves et pour garantir une permanence d'emploi, plusieurs enseignants ont vécu de l'instabilité et subi des changements d'affectation. En effet, les trois quarts des enseignants du secondaire changent de matière scolaire au cours de leur carrière.

Les jeunes enseignants commencent souvent leur carrière avec un emploi précaire, car avant d'obtenir un emploi stable et permanent, ils sont ballottés d'une école à l'autre. Dans cette situation, il leur est difficile de s'attacher à leurs élèves et d'avoir un sentiment d'appartenance envers leur école. Ils sont souvent dirigés vers les milieux les plus difficiles, où l'on retrouve davantage de violence et de pauvreté. Toutefois, ils ne sont pas assez formés pour intervenir adéquatement auprès d'élèves en difficulté d'apprentissage et de comportement, et ils sont également peu soutenus pour y arriver. Il n'est donc pas surprenant qu'environ 20 % de ces jeunes enseignants quittent leur profession au cours de leurs cinq premières années d'exercice. Ils sont vulnérables devant les pressions de leurs milieux de travail et des administrations scolaires qui, de leur côté, bénéficient d'une certaine liberté en gérant ces jeunes sans permanence d'emploi.

L'enseignant, un professionnel incompris

Au début de leur carrière, les enseignants sont stimulés par la passion d'enseigner. Ils ressentent de la fierté à transmettre des habiletés et des connaissances aux jeunes, ces adultes de demain. Ils sont convaincus d'exercer le plus beau métier du monde. Cependant, ils ne peuvent échapper aux jugements des autres parce que leur travail est social et qu'ils sont l'objet d'attentes de la part de la société. Cette dernière et les décideurs en éducation les ont toujours à l'œil.

Ils leur imposent beaucoup de conformisme. Ils leur confient une mission très importante, l'éducation des jeunes, mais en les privant de pouvoir dans leurs tâches. Les autres professions traditionnelles (génie, médecine, droit, etc.) ont beaucoup plus d'autonomie et de pouvoir que la profession enseignante.

Il est surprenant de constater que nombreux sont les gens portés à exagérer le pouvoir des enseignants dans l'école. Cette exagération leur permet de montrer du doigt les enseignants comme étant les seuls responsables des échecs des élèves. Cette perception biaisée déculpabilise les parents, ainsi que les administrateurs du système scolaire, mais en fait, les enseignants ne sont pas du tout les seuls responsables des échecs scolaires. Ces causes sont multiples :

- C'est l'élève qui, avant tout, a la responsabilité de son apprentissage et doit développer le sens des responsabilités dans ses études, et sur ce plan, ce sont les parents qui ont le plus d'influence ;

- Certains phénomènes sociaux nuisent depuis plusieurs années au travail de l'enseignant : travail à temps plein pour les deux parents, éclatement de nombreuses familles, augmentation de la monoparentalité, manque de soutien des parents, etc. ;
- Le peu de pouvoir des enseignants, qui sont encadrés dans le système scolaire par des lois rigides, un régime pédagogique contraignant et une lourde bureaucratie.

Les enseignants d'aujourd'hui n'ont pas beaucoup de pouvoir et de maîtrise sur leurs conditions de travail et leurs tâches. Ils ne jouissent pas non plus d'un très bon statut social. On voit trop souvent un manque d'appréciation de la tâche de l'enseignant chez les politiciens et les administrateurs du système scolaire. Ce point de vue dévalorisant s'exprime dans le discours public et on le constate dans les modes de gestion, qui ont tendance à infantiliser les enseignants. Tout être humain est digne de respect et doit recevoir de la considération, quels que soient son statut, son apparence et son rendement. C'est le cas, à plus forte raison, des enseignants, à qui l'on confie les jeunes. Or, les administrateurs scolaires ont beaucoup trop souvent une attitude condescendante et paternaliste envers les membres de cette profession. Cette attitude se manifeste notamment par le fait qu'ils ne consultent pas les enseignants quand il s'agit d'établir et de choisir des programmes, ou des politiques d'admission et de promotion des élèves, ainsi que les cours offerts aux jeunes ou le contenu de journées pédagogiques. Brunet et coll.[3] dénoncent cette situation :

« Cette absence d'autonomie et de pouvoir sur ce qu'ils font est source de souffrance et de dévalorisation. Malgré le fait que la tâche de l'enseignante et de l'enseignant se complexifie, suivant en cela la "complexification" et la "pluralisation" de la société

---

3   BRUNET, L. et coll. « Style de gestion des directeurs et directrices d'école et efficacité organisationnelle en milieu scolaire ». *Revue des sciences de l'éducation* 1989 15 (2) : 219-230.

québécoise, malgré la lourdeur des exigences imposées aux enseignantes et aux enseignants, malgré les
grandes responsabilités qu'on leur donne, on les exclut
de plus en plus du champ décisionnel. »

Les personnes qui sont peu autonomes ou celles qui sont
réprimées dans leur quête d'une plus grande autonomie
ont une faible estime d'elles-mêmes. Le manque de reconnaissance sociale, les possibilités limitées de promotion,
l'absence de diversification de leurs tâches, tout cela réduit
la motivation et l'estime de soi chez les enseignants.

Concernant leurs conditions salariales, les enseignants ne
sont certainement pas les plus favorisés si on les compare à
d'autres professionnels détenant le même nombre d'années
de scolarité. Comme le mentionne Barnabé[4], cela traduit
un manque de reconnaissance sociale de leur profession :

« Enfin, une dernière revendication concerne les
salaires. À leurs yeux, certes, les salaires doivent
minimalement suivre le coût de la vie. Toutefois, il
est clair qu'en regard du plaisir et de la souffrance,
et donc de leur santé mentale, cette question des
salaires ne constitue pas leur priorité actuelle. Il me
semble évident qu'au-delà de la question matérielle
qui est présente, les salaires sont liés à la reconnaissance sociale qu'ils signifient. »

Barnabé cite Mendel[5], qui mentionne l'impact du salaire
sur l'estime de soi de l'enseignant :

« Mendel rappelle à cet égard qu'un salaire jugé bas
contribue à la formation d'une identité humiliée. En
effet, toute idéologie dominante de notre société nous
répète en permanence que la "valeur" d'un individu
et l'utilité sociale de son travail se jugent en grande
partie d'après le prix que le travail est payé. »

---

4   BARNABÉ, C. « La réaction des enseignants aux attributs de leur tâche : une
    approche à leur motivation ». *Revue des sciences de l'éducation* 1991 17(1) :
    113-128.

5   MENDEL, G. *La crise est politique, la politique est en crise.* Paris : Payot, 1985.

Une tâche complexe

*« L'enseignant est un artisan qui façonne au présent le travail
du passé pour préparer à l'avenir un être plein de désirs. »*

Denis Bouffard

Les enseignants d'aujourd'hui doivent faire preuve d'une
grande souplesse et d'une exceptionnelle capacité d'adaptation devant les exigences des administrateurs scolaires. En
effet, on leur impose trop souvent de nouveaux programmes
à implanter et à appliquer, de nouvelles politiques et de
nouvelles modalités d'évaluation, tout cela sans leur donner une préparation suffisante ni les outils pédagogiques
nécessaires. Ils doivent être animateurs, didacticiens, doci-
mologues, orthopédagogues, agents de relations publiques,
rédacteurs, infirmiers et travailleurs sociaux. De plus, ils
doivent constamment s'adapter aux dernières tendances
et aux valeurs sociales les plus récentes. Par exemple, ils
doivent comprendre les besoins des élèves immigrants et
s'adapter aux conditions socio-économiques dans lesquelles
vivent ces enfants. Ils doivent aussi se former aux nouvelles
technologies éducatives. En plus de leurs activités d'enseignement, ils doivent produire des rapports pour satisfaire
les attentes des cadres des commissions scolaires.

Ils doivent également faire preuve d'une grande polyvalence et de compétences de plus en plus grandes dans des
domaines didactiques plus ou moins complémentaires. Il
y a de quoi être étourdis ! Dans aucune autre profession,
on ne demande une telle polyvalence.

Les enseignants doivent atteindre beaucoup trop d'objectifs pour satisfaire à l'ensemble des programmes. Tous ces
objectifs les entraînent dans une farandole étourdissante
qui génère du stress. Ce sont des figures imposées que les
enseignants doivent exécuter à un rythme endiablé. En
plus, au cours de toutes les heures qu'ils passent auprès
des élèves, les enseignants doivent faire preuve sans répit
d'une disponibilité affective et intellectuelle.

De plus, plusieurs enseignants m'ont confié que le temps passé avec leurs élèves est trop souvent entrecoupé par différentes activités inscrites à l'horaire : anglais, arts plastiques, éducation physique, rencontres avec l'orthopédagogue, etc. Ils sont dérangés dans leurs tâches par des visites ou des événements. On sollicite souvent la participation de leurs élèves pour des concours, des activités de loisirs et des activités parascolaires. On utilise du temps de classe pour des séances d'information concernant la santé, la drogue, la sécurité routière, la prévention des incendies, etc. Ces initiatives sont louables et plusieurs de ces activités sont importantes, mais l'enseignant est rarement consulté à cet effet et les activités finissent par hypothéquer les heures qui devraient être réservées à l'apprentissage. En réalité, un titulaire de classe devrait pouvoir profiter au maximum des heures dont il dispose pour être avec son groupe. En outre, plus le nombre de spécialistes augmente, plus son rôle diminue.

Royer et coll.[6] évoquent le stress vécu par les enseignants :

« Les plus grandes sources de stress sont, dans l'ordre, les comportements des élèves, la charge de travail et le manque de ressources matérielles. Les relations avec les autres membres du personnel et les parents, de même que le besoin de reconnaissance professionnelle présentent moins d'importance que les trois catégories précédentes. »

Concernant les comportements des élèves, on favorise de plus en plus l'intégration des enfants à problèmes dans les classes régulières. Cette politique est souhaitable. Cependant, j'ai souvent constaté que les enseignants étaient peu soutenus pour aider efficacement ces élèves, en particulier ceux qui manifestent des troubles de comportement. Le nombre de psychologues et de psychoéducateurs est nettement insuffisant pour aider les enseignants à intégrer

---

6   ROYER, N. et coll. « Le stress des enseignants québécois à diverses étapes de leur carrière ». *Vie pédagogique* 2001 119 : 5-8.

harmonieusement ces enfants. Récemment, une enseignante m'a exprimé sa grande tristesse et son désarroi concernant un enfant qu'elle n'avait pu aider efficacement malgré tous ses efforts. Elle vivait cette situation comme un profond échec.

Royer et coll.[7] font mention des difficultés de comportement de certains élèves qui produisent du stress chez les enseignants :

> « La place prépondérante des comportements perturbateurs des élèves, y compris l'indiscipline, l'inattention, la violence verbale et les menaces en tant qu'agent de stress pour les enseignants a déjà été mentionnée dans d'autres études. Il semble que ces comportements, de même que l'attitude négative des élèves en ce qui concerne le travail scolaire et le manque de motivation, constituent les facteurs les plus déterminants. »

Plusieurs enseignants déplorent le fait qu'ils doivent consacrer de plus en plus de temps à faire de la discipline. Dans la société nord-américaine, on favorise le culte de l'enfant-roi, par faiblesse ou par facilité. Certains parents ont parfois démissionné de leurs tâches éducatives et plusieurs enfants n'ont pas intégré suffisamment de valeurs ou de règles de conduite pour s'adapter au régime scolaire.

Ces élèves perturbateurs provoquent souvent un sentiment d'impuissance et d'échec chez les enseignants, ce qui fragilise l'estime qu'ils ont d'eux-mêmes concernant leurs compétences. L'enseignant qui a une faible estime de lui-même exprime surtout des jugements négatifs sur ses élèves. Et le négatif génère du négatif. L'enseignant se met en position de victime en se plaignant fréquemment d'être obligé d'enseigner à des élèves indisciplinés et peu motivés. Par ailleurs, on observe souvent une autre manifestation d'une faible estime de soi quand l'enseignant adopte une discipline trop sévère pour montrer à ses collègues ou à la direction d'école qu'il maîtrise bien sa classe.

---

7 *Ibid.*

Favoriser l'estime de soi chez l'enseignant

La plupart des enseignants portent un jugement sur leurs propres compétences en se basant sur les perceptions et les avis des directions d'école, des parents et des collègues de travail. La réussite de leurs élèves alimente également leur sentiment de compétence. Les enseignants ont besoin d'être reconnus pour leurs compétences et pour l'utilité qu'a leur travail chez les jeunes et dans la société. Comme le mentionne Barnabé[8], les enseignants ont besoin que leur profession soit jugée favorablement pour refaire leur image sociale :

> « Ils insistent sur la nécessité de refaire l'image sociale du personnel enseignant. Cela, disent-ils, passe par la revalorisation de la connaissance dans la société, car on ne reconnaîtra le travail de l'enseignante ou de l'enseignant que si sa production est valorisée socialement. Il faut aussi remettre l'acte pédagogique au centre de l'école et informer de façon massive la population de la tâche réelle, complexe et exigeante de l'enseignant, en rappelant la situation de mutations scolaires dans laquelle elle s'exerce. »

Heureusement, la majorité des enseignants vivent des situations qui leur donnent un sentiment de compétence, par exemple quand les parents font des commentaires favorables à leur égard ou lorsqu'ils constatent les progrès de leurs élèves.

Le climat de travail, et plus particulièrement l'appréciation et le soutien des collègues, contribue au sentiment de compétence chez l'enseignant. Saint-Arnaud[9] confirme cette réalité :

> « La reconnaissance au travail concerne le jugement sur la qualité du travail accompli, lequel est essentiellement porté par les collègues, les gens du même

---

8   BARNABÉ, C. *Op. cit.*

9   SAINT-ARNAUD, L. « La reconnaissance au travail : une dimension essentielle pour développer et renforcer la santé mentale ». *Revue de l'Association canadienne pour la santé mentale*, 2009.

métier, ceux qui connaissent et qui comprennent les difficultés de la tâche. Ce regard porté par les pairs a une portée encore plus puissante que celles des supérieurs ou des clients. »

Un manque d'appréciation et de soutien de la part de la direction d'école et des autres enseignants est aussi un facteur qui entraîne une baisse d'estime de soi et un risque d'épuisement professionnel chez l'enseignant. En outre, Saint-Arnaud[10] mentionne que le soutien et la reconnaissance donnent à l'enseignant un sentiment d'appartenance :

« Le fait d'être connu par ses pairs n'est pas une simple formalité. Alors, la personne n'est plus seule, elle fait partie d'un groupe, d'une communauté d'appartenance. Plus profondément encore, cette reconnaissance peut aller jusqu'à permettre à chacun des membres du groupe d'être reconnu pour ce qu'il apporte en particulier, pour son originalité, sa contribution propre à l'œuvre commune. Cette reconnaissance par les pairs permet à la personne de saisir en quoi elle est à la fois pareille et unique par rapport à l'autre. »

Ainsi, les enseignants doivent se soutenir entre eux et se reconnaître des compétences pour que chacun en tire de la valorisation. L'estime de soi en milieu de travail se développe en présence des autres. Elle ne peut naître dans l'isolement, car elle passe par le regard et les jugements des autres sur l'utilité et la qualité de son travail. Pour être reconnu, il faut être vu par les autres. Pour cela, il faut montrer ce qu'on accomplit. Il est difficile de faire connaître et reconnaître la qualité de son travail quand l'estime de soi est faible. C'est pourquoi le soutien et les encouragements des collègues sont si importants.

L'activité de chaque enseignant ne doit pas être isolée de celle des autres. Si chacun exerce sa tâche de son côté, sans tenir compte des autres, cela risque de faire surgir des

10 *Ibid.*

incompréhensions et des conflits. La profession enseignante est l'une de celles qui demandent le plus d'avoir un jugement sûr. Chaque évaluation d'un élève nécessite le jugement de l'enseignant, qui doit évaluer son rendement. Ainsi, les enseignants jugent beaucoup, mais paradoxalement, plusieurs d'entre eux craignent qu'on juge leurs compétences. J'ai constaté que certains enseignants deviennent individualistes justement parce qu'ils craignent d'être jugés par leurs collègues ou par la direction.

Malheureusement, ces enseignants qui s'isolent dans leur salle de classe en évitant de s'intéresser aux problèmes de l'école se privent de soutien et de ressources. Ils se perçoivent comme étant peu importants aux yeux de leurs collègues et ils se sentent seuls. D'autres enseignants, sans être individualistes, n'offrent aucune contribution personnelle à leurs collègues parce qu'ils ont peu d'estime d'eux-mêmes. Ils ont tendance à être passifs et conformistes pour éviter les conflits et se faire accepter. Ils éprouvent ainsi de la difficulté à s'affirmer et à faire des choix personnels.

Miser sur son pouvoir d'agir

Il est très important que les administrateurs scolaires et la société accordent de l'autonomie aux enseignants. Il est également important d'encourager et de valoriser leur créativité, leurs initiatives et leurs innovations. Actuellement, les enseignants se font imposer des programmes et des méthodes, souvent sans que l'on tienne compte des besoins réels dans les classes. Les enseignants jugent – et à juste titre – que les décisions concernant la pédagogie doivent leur appartenir et être partagées entre eux et les directions d'école.

Je crois beaucoup à l'*empowerment* pour améliorer les conditions de travail des enseignants et faire grandir leur sentiment de compétence. En français, pour exprimer cette idée, on parle de « capacitation », de « responsabilisation », d'« autonomisation », d'« avoir pleins pouvoirs », de s'« approprier un pouvoir personnel » ou de « son pouvoir d'agir ».

Pour ma part, je retiens cette dernière formulation, qui contient un message d'affranchissement et de changement. Il s'agit d'une volonté consciente de changer une situation perçue comme problématique pour en créer une autre, considérée au contraire comme souhaitable. On parle alors de composantes pour le « pouvoir d'agir », ce qui suppose d'abord que l'enseignant prend conscience du problème, ensuite qu'il définit le changement souhaité, enfin qu'il décide sincèrement d'assumer ses responsabilités et de passer à l'action en appliquant des moyens clairement identifiés pour produire ledit changement. Alors, pouvoir et action deviennent intimement liés. L'action est porteuse de création et elle aide à consolider l'estime de soi.

Tout individu a besoin d'exercer un pouvoir sur sa vie et d'être responsable de son travail. Le libre exercice de ce pouvoir est valorisant et favorise un enseignement de qualité. L'exercice de ce pouvoir est très important pour l'équilibre psychologique. Il permet de penser librement, d'organiser, d'innover et de créer. Une personne qui a une bonne estime d'elle-même est mieux outillée pour affronter les défis de son existence, elle peut plus facilement agir sur sa vie pour résoudre des problèmes. Enseigner, c'est s'engager, c'est investir des efforts pour planifier, organiser et affronter les difficultés du travail afin d'exécuter ce qui doit être fait pour les élèves. Cela demande de la débrouillardise et de la créativité. En somme, il faut mobiliser son pouvoir d'agir.

Une bonne estime de soi consiste à décider fermement d'affronter les difficultés et de les vaincre, plutôt que de les éviter. La volonté d'être persévérant et efficace distingue ceux et celles qui se sentent impuissants devant les difficultés de ceux qui n'ont pas ce sentiment. L'estime de soi est à la base de la confiance en soi; elle mène l'enseignant à prévoir et à poursuivre le succès plutôt que l'échec. L'une des causes des échecs – ceux-ci diminuant le sentiment de compétence –, c'est la difficulté pour l'enseignant de prendre des décisions à cause de son manque de confiance en ses capacités et en son jugement. Le manque de confiance en soi n'est pas un handicap insurmontable. Cependant, les enseignants qui en souffrent manifestent souvent des inhibitions, des blocages psychologiques dans le « oser-faire » et le « oser-dire ». Tout cela bloque la mise en œuvre de leurs capacités. L'inhibition est le contraire de l'exercice du « pouvoir d'agir » et de la recherche de l'autonomie.

Des stratégies utiles pour les enseignants, selon les composantes de l'estime de soi

L'estime de soi est faite de quatre composantes : le sentiment de sécurité et de confiance, la connaissance de soi, le sentiment d'appartenance à un groupe et le sentiment de compétence. Cette conception s'inspire en partie de la théorie et du programme de Reasoner[11] et a prouvé son efficacité au fil des ans.

Le sentiment de sécurité et de confiance

Le sentiment de sécurité et de confiance est à la base d'un état de bien-être et de détente. L'enseignant doit apprendre à se fixer des règles claires et réalistes, à réduire son stress ou à le gérer pour atteindre une assurance intérieure et se faire confiance.

Dans le cadre de son travail, l'enseignant vit un sentiment de sécurité quand il sait ce qu'on attend de lui et qu'il juge qu'il a les compétences nécessaires pour satisfaire ces attentes. Plusieurs enseignants doutent de leurs compétences et craignent de ne pas être à la hauteur des tâches imposées, surtout lors des changements de programmes et de méthodes pédagogiques. La surcharge de travail, les changements prescrits – souvent à la dernière minute –, le manque de matériel, les vérifications des administrateurs, toutes ces contraintes font vivre aux enseignants de l'insécurité et du

11 REASONER, R.W. *Building Self-Esteem.* Santa Cruz : Educational and Training Services, 1982.

stress. Celui ou celle qui est l'objet de demandes qu'il juge excessives et qui pense qu'il n'a pas assez de compétences pour satisfaire aux exigences qu'on lui impose se sent stressé et manque d'assurance.

Selon la Régie des rentes du Québec, l'enseignement est, parmi les professions libérales, celle où il y a le plus d'invalidités causées par le stress. Ces invalidités se manifestent par un épuisement professionnel. En effet, les tensions fréquentes au travail mènent souvent à un épuisement mental, physique et émotionnel. L'enseignant se sent «lessivé». Cet état entraîne parfois une grande diminution de la réussite et de la qualité de son enseignement, à cause de l'épuisement physique et de la dépression produite par l'épuisement émotionnel.

Il y a une relation directe entre l'insécurité et le stress. En général, l'enseignant est stressé parce qu'il souffre d'insécurité et qu'il ressent un manque de confiance en ses capacités. L'insécurité se manifeste en particulier quand on annonce des changements dans les pratiques. Devant toute nouveauté, l'enseignant craint de perdre ce qu'il connaît et maîtrise dans l'exécution de son travail. Comme beaucoup d'autres professionnels, les enseignants sont plutôt conservateurs. Lorsqu'on parle de changements, l'insécurité de certains entraîne un phénomène de résistance, qui prend la forme d'une hostilité, de conflits, de retards volontaires et même de boycottage. Ces enseignants ne veulent pas perdre leurs acquis, leur routine sécurisante, car durant une certaine période le changement entraîne un plus grand investissement.

Dans tous ces changements, il y a deux étapes importantes : le déséquilibre et l'espoir d'atteindre un nouvel équilibre. Entre ces deux étapes, la transition fait vivre de l'instabilité. Certains ont plus besoin de stabilité que d'autres pour se sentir en sécurité et confiants. Si les enseignants ressentent trop d'insécurité, ils ont tendance à être hostiles et à se mettre sur la défensive.

Voici quelques suggestions pour les aider à avoir un sentiment de sécurité et de confiance :

- Se fixer des règles claires et précises dans le travail ;
- Bien préparer les activités pédagogiques, tant sur le plan didactique que matériel ;
- Établir des routines en classe pour sécuriser aussi les élèves ;
- Établir des règles de discipline claires, concrètes, constantes, cohérentes et conséquentes. Comme le mentionnent Gauthier et coll.[12], une saine discipline sécurise l'enseignant : « La confiance en soi se développe aussi lorsque l'enseignant prend conscience du fait qu'il peut prévoir plus facilement les réactions des élèves. Ainsi, le sentiment d'être en mesure de faire face à la musique augmenterait la confiance en soi de l'enseignant. » ;
- Identifier les stresseurs dans son travail pour les réduire ou les gérer ;
- Solliciter le soutien de la direction ou des collègues de travail.

Il est à noter que l'enseignant acquiert un sentiment de compétence grâce aux sentiments de sécurité et de confiance qu'il développe avec l'expérience.

La connaissance de soi

Toute personne doit apprendre à se connaître pour intérioriser un sentiment d'identité personnelle, qui est la conviction d'être unique au monde. Cela implique une connaissance réaliste de ses forces, de ses qualités, de ses difficultés et de ses limites. C'est la conscience de son style personnel. L'identité se définit surtout par les différences de sa personnalité par rapport aux autres personnes.

---

12 GAUTHIER, C. et coll. « Mais moi, comment ai-je appris à enseigner ? Et comment puis-je savoir que je suis compétent ? » *Vie pédagogique* 2000 117 : 15-19.

Si l'on n'accepte pas ses propres différences et celles des autres, on ne s'accepte pas comme personne unique et on risque de ne pas accepter non plus les autres dans leur identité.

Voici quelques suggestions pour favoriser chez les enseignants un sentiment d'identité professionnelle :

- Connaître ses forces et ses qualités particulières dans son enseignement ;
- Reconnaître et accepter, dans sa façon d'enseigner, ses différences par rapport aux collègues. Le sentiment d'identité personnelle s'oppose au conformisme ;
- Reconnaître et affirmer son style personnel et unique, l'estime de soi se manifestant dans le comportement par l'affirmation de soi, surtout si des collègues n'acceptent pas les différences et le style unique de l'enseignant ;
- L'affirmation de soi se manifeste par l'expression des éléments suivants en présence des autres :
  - ce que je suis (qualités, habiletés, difficultés, etc.) ;
  - ce en quoi je suis différent ;
  - ce que j'aime ;
  - ce que je n'aime pas ;
  - ce que je ressens ;
  - ce que je pense ;
  - ce que je choisis ;
  - ce que je décide.
- Prendre conscience de ses difficultés et de ses vulnérabilités dans son enseignement ;
- Se faire respecter dans ses différences.

Le sentiment d'appartenance

Le sentiment d'appartenance est l'antidote au sentiment de solitude. C'est la conscience et le jugement de sa valeur dans ses relations et dans un groupe. Cela suppose des attitudes d'acceptation de ses collègues dans leurs différences, de coopération et de cohésion avec les collègues de travail dans le partage d'une idéologie commune et dans la poursuite d'un ou de plusieurs objectifs du groupe d'enseignants.

L'enseignant a besoin de percevoir qu'il a de l'importance au sein de son école. Quand l'école est grande, il arrive que personne ne se rende compte qu'un employé ou un enseignant est absent ou vit des problèmes, et le sentiment d'anonymat réduit l'estime de soi.

Beaucoup d'enseignants déplorent le fait qu'ils éprouvent de la difficulté à échanger entre collègues, faute de temps, pour discuter de leurs pratiques pédagogiques. Ils ont tendance alors à se refermer sur eux-mêmes. Ils vivent dans la solitude et gardent pour eux leurs problèmes.

Voici quelques suggestions pour favoriser chez les enseignants un sentiment d'appartenance à leur équipe-école :

- Connaître, accepter et estimer les autres enseignants ;
- Connaître et reconnaître les qualités et les forces particulières des collègues ;
- Adhérer à l'idéologie, aux objectifs et aux projets de son groupe d'appartenance ;
- Participer à des groupes de soutien ;
- Coopérer activement aux projets de l'équipe-école ;
- Favoriser des stratégies de résolution de conflits relationnels ;
- Défendre les valeurs démocratiques ;
- Favoriser l'intégration des nouveaux enseignants à l'équipe-école.

La direction d'école a un grand rôle à jouer pour favoriser un sentiment d'appartenance des enseignants à leur école. En effet, la direction doit rassembler tout le personnel et prôner une gestion participative. Voici des attitudes et des moyens que la direction devrait adopter :

- Exercer une gestion réellement démocratique ;

- Informer fréquemment les enseignants des orientations et des décisions prises par la commission scolaire ;
- Consulter les enseignants avant de se prononcer sur les consultations de la commission scolaire ;
- Défendre fermement les positions de l'équipe-école en fonction des besoins des élèves ;
- Mettre sur pied un projet éducatif et l'appliquer en harmonie avec les valeurs et attentes exprimées par les enseignants ;
- Réviser fréquemment le projet éducatif avec les enseignants afin qu'il représente un processus dynamique, souple et ouvert ;
- Préciser avec les enseignants un code de vie conforme au projet éducatif ;
- Mettre en place un réseau de communication directe et fonctionnelle ;
- Définir avec les enseignants les orientations et les objectifs de l'école, à moyen et à long terme ;
- Planifier avec les enseignants des projets collectifs concrets qui favorisent la participation active de tous ;
- Déléguer des responsabilités à chacun, selon ses champs d'intérêt et ses compétences ;
- Cultiver la fierté par rapport à l'équipe-école.

Le sentiment de compétence

On n'acquiert un sentiment de compétence qu'après plusieurs expériences de réussite. Cela suppose la capacité de se fixer des objectifs réalistes, et ensuite de prévoir des étapes et des moyens pour les atteindre. Cela exige aussi une motivation intrinsèque pour relever des défis avec la conviction que l'on connaîtra le succès, en se basant sur le souvenir de réussites passées.

Enseigner, c'est mobiliser et intégrer dans le processus de son travail des connaissances mises au service d'interventions concrètes et d'objectifs pédagogiques. La compétence de l'enseignant suppose des savoirs, qu'il met en action avec ses élèves dans diverses situations. L'enseignement fait appel à une mobilisation de soi ; ce métier offre des occasions de manifester ses capacités et favorise l'accomplissement de soi. Un enseignant qui a une bonne estime de lui-même quant à ses compétences, qui est dévoué et qui enseigne dans de bonnes conditions assure plus facilement la réussite de ses élèves.

Voici quelques suggestions pour favoriser chez les enseignants un sentiment de compétence :

- Tenir compte de ses expériences passées ;
- Prévoir des objectifs réalistes pour connaître le succès ;
- Diminuer son souci de perfectionnisme ;
- Reconnaître et accepter ses erreurs ;
- Varier ses stratégies devant les difficultés ;
- Développer son autonomie et sa responsabilité personnelle ;
- Faire preuve d'initiative ;
- Développer sa créativité ;
- Autoévaluer son enseignement en regard de ses attitudes, de ses stratégies et de ses moyens.

La direction d'école doit soutenir les enseignants dans l'acquisition et le maintien de leur sentiment de compétence. Voici des attitudes et des moyens que la direction devrait adopter[13] :

- « Améliorer les compétences en facilitant la formation et la spécialisation ;
- Donner fréquemment, par des remarques favorables ou critiques, de l'information sur les réussites des uns et des autres ;
- Prôner la tolérance à l'erreur : « C'est normal d'échouer parfois ; qu'avons-nous appris de cet échec ? » ;

---

13 Ces attitudes et ces moyens sont suggérés par Christophe ANDRÉ et François LELORD dans leur livre intitulé *L'estime de soi : s'aimer pour mieux vivre avec les autres.* Paris : Odile Jacob, 1999, p. 136.

- Encourager l'initiative : il n'y a pas que les résultats qui comptent ! ;
- Ne pas critiquer les personnes, mais leurs comportements ;
- S'appliquer à soi-même les règles que l'on impose aux autres… ».

Le sentiment de compétence se manifeste surtout chez l'enseignant par sa capacité à résoudre des problèmes qu'il affronte durant sa carrière. Voici quelques stratégies pour résoudre un problème :

- Bien identifier le problème posé, sans l'exagérer ni le minimiser ;
- Évoquer le souvenir de problèmes semblables qui ont été résolus dans le passé ;
- Prendre note des solutions qui ont été appliquées ;
- Faire un journal de ses succès passés ;
- Dresser une liste de ses compétences en les appuyant sur des exemples concrets ;
- Consulter ses collègues ou d'autres personnes ;
- Faire un « remue-méninges » de toutes les solutions possibles ;
- Évaluer chacune des solutions, en tenant compte des expériences passées et en fonction du problème présent ;
- Reposer son esprit dans ce qu'on appelle l'« étape d'incubation » ;
- Préciser la solution qu'on évoque le plus souvent ;
- Appliquer cette solution ;
- Évaluer après coup son efficacité.

Les enseignants ont grandement besoin d'être revalorisés et reconnus pour leur réelle compétence. Il est important de favoriser dans leur travail plus d'autonomie et de pouvoir. Il faut réduire le plus possible la bureaucratie paralysante de notre système d'éducation et leur faire confiance, car ils en sont dignes.

Fernand Dumont[14] exprime bien la reconnaissance que l'on doit aux enseignants :

« Notre société accorde beaucoup de valeur à la scolarisation, mais peu d'importance à ceux qui y travaillent. Il y a là une contradiction étonnante. Veiller à la conservation du savoir dans une collectivité, en transmettre l'héritage, cette responsabilité ne mérite-t-elle pas la plus grande considération et le plus profond respect ? »

Personnellement, dans ma pratique, j'ai eu la chance de connaître plusieurs enseignants, hommes et femmes, qui étaient d'abord et avant tout des éducateurs. Dans leurs actions quotidiennes, ces personnes dépassaient largement les cadres didactiques pour répondre aux besoins cognitifs, affectifs, moraux et physiques des jeunes qui leur étaient confiés. Le cheminement de chacun leur tenait à cœur. Je considère que c'est le cas de la plupart des enseignants.

Malgré tous les obstacles à l'enseignement, malgré les exigences et les attentes de plus en plus grandes, ces éducateurs ont gardé la passion de leur profession. Parfois, la braise passionnelle couve sous la cendre, mais il suffit des regards pétillants et intéressés de quelques élèves ou de la progression subite dans l'apprentissage de certains autres, et aussitôt, la flamme d'amour se ravive et ils s'enthousiasment pour leur métier. Les enseignants exercent une profession formidable, qui prend racine dans l'art et la science, l'amour et la raison. On doit les estimer à leur juste valeur. Avec toute leur générosité et leur amour, ils accompagnent les jeunes dans leur développement en leur faisant acquérir des habiletés, des connaissances, des valeurs et des comportements qu'ils conserveront toute leur vie. C'est une belle histoire d'amour !

---

14 DUMONT, F. *La société québécoise après 30 ans de changements.* Québec : Institut québécois de recherche sur la culture (IQRC), 1990.

CONCLUSION

De plus en plus de recherches et de travaux confirment que l'estime de soi est le principal facteur de prévention des difficultés d'adaptation et d'apprentissage chez l'enfant, ainsi que des dépressions et de la maladie mentale chez l'adulte. En ce sens, on peut affirmer que l'estime de soi joue le rôle d'un passeport pour la vie.

Chaque être humain possède des ressources et des forces qui lui permettent de surmonter les épreuves et les difficultés de la vie. Toutefois, pour y arriver, il faut être conscient de cette capacité de relever les défis. C'est grâce à cela que chacun peut réaliser qu'il a un pouvoir personnel sur sa vie. Ainsi, l'estime de soi est à la base de la prise en charge de sa destinée. L'estime de soi est porteuse d'espoir même dans des conditions difficiles.

Les parents, de même que les adultes qui ont de l'importance aux yeux d'un enfant, jouent un rôle majeur dans le processus de prise de conscience de sa valeur personnelle. En général, à cause de la relation d'attachement, un enfant se sent aimé inconditionnellement par ses parents. Mais comment se fait-il que nombre d'enfants, qui manifestent de belles qualités et qui ne présentent aucune difficulté d'adaptation ou d'apprentissage, ne s'estiment pas à leur juste valeur ou se déprécient? Cette situation origine, croyons-nous, d'un manque de rétroactions positives de la part des parents et des éducateurs. Le plus important, ce n'est pas que l'enfant vive un succès ou fasse des gestes positifs, mais c'est surtout qu'il en soit conscient. Les adultes doivent guider l'enfant dans cette prise de conscience de sa valeur.

Ils doivent d'abord amener l'enfant à connaître ses carac-téristiques particulières (compétences, qualités, etc.) et à se découvrir une identité. Tout enfant a besoin d'un passeport qui lui confirme une identité positive. Ce passeport lui est donné par les parents qui agissent, en quelque sorte, à la manière d'un pays à l'égard d'un ressortissant. C'est grâce à ce passeport que l'enfant pourra voyager dans la vie en toute confiance.

L'estime de soi ne se résume pas en une simple connais-sance de ses forces, de ses qualités et de ses talents. Elle suppose aussi une juste perception de ses difficultés et de ses limites. Il est donc important que les adultes fassent prendre conscience à l'enfant de ses difficultés et les lui fassent voir comme des défis qu'il est capable de relever. Croire en ses capacités procure à l'enfant un sentiment de confiance et de l'optimisme. Parents et éducateurs doivent aussi soutenir l'enfant dans sa recherche de moyens pour vaincre ses difficultés.

L'estime de soi est un processus complexe et variable qui ne se limite pas au fait de s'aimer ou de ne pas s'aimer. Dans l'opinion populaire, on confond souvent les termes « sures-timer », « sous-estimer » et « estimer ». Se surestimer veut dire avoir une haute opinion de soi sans voir ses difficultés ni ses limites ; c'est un sentiment d'omnipotence ou du narcissisme pathologique. Dans le cas contraire, c'est-à-dire quand une personne se sous-estime et se déprécie sans tenir compte de ses forces et de ses qualités, il s'agit d'une attitude qui confine à des sentiments dépressifs. L'estime de soi est un sentiment sain et réaliste, qui varie constamment et qui est parfois précaire. Elle se situe entre le narcissisme pathologique et les sentiments dépressifs.

Il ne faut pas croire que l'estime de soi est la solution à tous les problèmes. Il faut combattre la pensée magique selon laquelle l'estime de soi est la clé de tous les comportements ainsi que l'opinion de certains qui affirment qu'il n'y a qu'à augmenter l'estime de soi des gens pour que tout aille bien dans le monde. Par contre, croire à l'importance de l'estime de soi, c'est avoir confiance en l'humain et en ses capacités évolutives, même dans les pires conditions.

L'estime de soi est le plus précieux héritage que les parents peuvent laisser à un enfant. Cet héritage n'est possible que grâce à la relation d'attachement et à des attitudes aimantes. L'enfant qui est sécurisé physiquement et psychologiquement, qui ressent un sentiment de confiance face à la vie, qui se connaît et se confère à lui-même une identité propre, qui ressent vivement un sentiment d'appartenance à sa famille et à un groupe, qui développe ses compétences et prend conscience finalement de sa valeur personnelle, hérite d'un trésor dans lequel il pourra puiser toute sa vie pour affronter les difficultés. Cet héritage constitue le meilleur passeport qu'il puisse détenir pour s'épanouir pleinement et grandir constamment.

BIBLIOGRAPHIE

AINSWORTH, M.D.S. *et al. Patterns of Attachment.* Hillsdale (N.J.) : Erlbaum, 1978.

ANDRÉ, C. et F. LELORD. *L'estime de soi : s'aimer pour mieux vivre avec les autres.* Paris : Odile Jacob, 1999.

BALLENSKI, C.B. et A.S. COOK. « Mothers' perceptions at their competence in managing selected parenting tasks.» *Family Relations* 1982 31 : 489-494.

BARNABÉ, C. « La réaction des enseignants aux attributs de leur tâche : une approche à leur motivation ». *Revue des sciences de l'éducation* 1991 17 (1) : 113-128.

BETTELHEIM, B. *Pour être des parents acceptables.* Paris : Robert Laffont, 1988. 400 p.

BOWLBY, J. *Attachment.* New York : Basic Books, 1969.

BRANDEN, N. *L'estime de soi, une force positive.* Montréal : Sciences et culture, 2003. 126 p.

BRUNET, L. et coll. « Style de gestion des directeurs et directrices d'école et efficacité organisationnelle en milieu scolaire ». *Revue des sciences de l'éducation* 1989 15 (2) : 219-230.

CLSC LA PRESQU'ÎLE. Module famille-enfance-jeunesse. *Estime de soi : lettres aux parents 1994-1998.* Vaudreuil-Dorion : CLSC La Presqu'île, 1998. (sans pagination).

COOPERSMITH, S. *The Antecedents of Self-Esteem.* San Francisco : W.H. Freeman, 1967.

DE SAINT-PAUL, J. *Estime de soi, confiance en soi.* Paris : Inter Éditions, 1999. 256 p.

DUCLOS, G., D. LAPORTE et J. ROSS. *L'estime de soi de nos adolescents: guide pratique à l'intention des parents.* Montréal: Éditions de l'Hôpital Sainte-Justine, 1995. 178 p.

DUCLOS, G., D. LAPORTE et J. ROSS. *Les besoins et les défis des enfants de 6 à 12 ans: vivre en harmonie avec des apprentis sorciers.* Saint-Lambert (Québec): Éditions Héritage, 1994. 367 p.

DUMONT, F. *La société québécoise après 30 ans de changements.* Québec: Institut québécois de recherche sur la culture (IQRC), 1990.

ERIKSON, E.H. *Enfance et société.* Neuchâtel: Delachaux et Niestlé, 1966.

ERIKSON, E.H. *The Life Cycle Completed: A Review.* New York: Norton and Co., 1982.

FAFARD, J. «L'estime de soi et l'intervention». *Revue Défi jeunesse* 1997 4(23).

GAUTHIER, C. et coll. «Mais moi, comment ai-je appris à enseigner? Et comment puis-je savoir que je suis compétent?» *Vie pédagogique* 2000 117: 15-19.

GORDON, T. *Parents efficaces.* Montréal: Éditions du Jour, 1990.

GREEMWALD, A.G., F.S. BELLEZA et M.R. BANAJI. «Is self-esteem a central ingredient of the self-concept?». *Personnality and Social Psychology Bulletin* 1988 14: 34-45.

HABIMANA, E. *et al. Psychopathologie de l'enfant et de l'adolescent.* Montréal: Éditions Gaëtan Morin, 1999. 749 p.

HARTER, S. «Developmental Perspectives on the Self System». In E.M. Hetherington, *Handbook of Child Psychology*, 1983, vol. 4: 275-385.

HIGGINS, E.T. «Self discrepancy: a theory relating self and affect». *Psychological Review* 1987 93(3): 319-340.

JAMES, W. *The Principles of Psychology.* New York: Henry Holt and Co., 1890.

JASMIN, D. *Le conseil de coopération: un outil pédagogique pour l'organisation de la vie de classe et la gestion des conflits.* Montréal: Éditions de la Chenelière, 1994. 122 p.

LAPORTE, D. *Pour favoriser l'estime de soi de tout-petits : guide pratique à l'intention des parents d'enfants de 0 à 6 ans.* Montréal : Éditions de l'Hôpital Sainte-Justine, 1997. 127 p.

LAPORTE, D. et L. SÉVIGNY. *Comment développer l'estime de soi de nos enfants : guide pratique à l'intention des parents d'enfants de 6 à 12 ans.* Montréal : Éditions de l'Hôpital Sainte-Justine, 1998. 119 p.

LEGENDRE, R. *Dictionnaire actuel de l'éducation.* Montréal : Guérin ; Paris : Eska, 1993. 1500 p.

LEMAY, M. *Famille, qu'apportes-tu à l'enfant ?* Montréal : Éditions de l'Hôpital Sainte-Justine, 2001. 206 p.

LAPOINTE, Y., F. BOWEN et M-C. LAURENDEAU. *Habiletés prosociales et prévention de la violence en milieu scolaire.* Montréal : Direction de la santé publique Montréal-Centre, 1994. 3 vols.

L'ÉCUYER, R. *Le développement du concept de soi, de l'enfance à la vieillesse.* Montréal : Presses de l'Université de Montréal, 1994. 422 p.

LEVINE, M. *À chacun sa façon d'apprendre.* Varennes (Québec) : Éditions AdA, 2003. 509 p.

LIAUDET, J.C. *Dolto expliquée aux parents.* Paris : L'Archipel, 1998. 216 p.

MARIER, B. *L'école et les familles : de son ouverture à son implication.* Québec : Conseil de la famille, 1995. 51 p.

MASLOW, A.H. *Vers une psychologie de l'être.* Paris : Fayard, 1972. 267 p.

MENDEL, G. *La crise est politique, la politique est en crise.* Paris : Payot, 1985.

MONBOURQUETTE, J. *De l'estime de soi à l'estime du Soi.* Montréal : Novalis, 2002. 224 p.

MONBOURQUETTE, J., M. LADOUCEUR et J. DESJARDINS-PROULX. *Je suis aimable, je suis capable : parcours pour l'estime et l'affirmation de soi.* Outremont (Québec) : Novalis, 1998. 362 p.

MRUK, C.J. *Self-Esteem Research, Theory and Practice.* 3rd ed. New York: Springer Publishing, 2006.

PARADIS, R. et F. VITARO. «Définition et mesure du concept de soi chez les enfants en difficulté d'adaptation sociale: une recension critique des écrits». *Revue canadienne de psycho-éducation* 1992 21(2): 93-114.

PIAGET, J. *Psychologie et pédagogie.* Paris: Denoël/Gonthier, 1988. 248 p.

REASONER, R.W. *Building Self-Esteem.* Santa Cruz: Educational and Training Services, 1982.

ROYER, N. et coll. «Le stress des enseignants québécois à diverses étapes de leur carrière». *Vie pédagogique* 2001 119: 5-8.

SAINT-ARNAUD, L. «La reconnaissance au travail: une dimension essentielle pour développer et renforcer la santé mentale». *Revue de l'Association canadienne pour la santé mentale* 2009.

SHARP. B.B. et C. COX. *Choose Success: How to Set and Achieve all Your Goals.* New York: Hawthorn Books, 1970.

STEINHAUER, P.D. «Être parent dans la société d'aujourd'hui». *Revue Prisme* 1999 29: 8-23.

TOCHON, F.V. et J.-M. MIRON. *Parents responsables.* Sherbrooke (Québec): Éditions du CRP, 2000. 220 p.

TREMBLAY, R.E. *et al.* «La violence physique chez les garçons: un comportement à comprendre et à prévenir». *Revue Interface* 1990 1: 12-18.

WATKINS, S.C., J. MENKEN et J. BONGAARTS. «Demographic foundations of family change». *American Sociological Review* 1987 52: 346-358.

Ressources

Suggestions de livres pour les parents

André, Christophe. *Imparfaits, libres et heureux : pratiques de l'estime de soi.* Paris : Odile Jacob, 2009.

André, Christophe et François Lelord. *L'estime de soi : s'aimer pour mieux vivre avec les autres.* Paris : Odile Jacob, 2007.

Duclos, Germain. *L'estime de soi des parents.* Montréal : Éditions du CHU Sainte-Justine, 2009.

Duclos, Germain. *Que savoir sur l'estime de soi de mon enfant ?* Montréal : Éditions du CHU Sainte-Justine, 2008.

Duclos, Germain. *Guider mon enfant dans sa vie scolaire.* 2e éd. Montréal : Éditions du CHU Sainte-Justine, 2006.

Duclos, Germain et Martin Duclos. *Responsabiliser son enfant.* Montréal : Éditions du CHU Sainte-Justine, 2005.

Duclos, Germain, Danielle Laporte et Jacques Ross. *L'estime de soi des adolescents.* Montréal : Éditions du CHU Sainte-Justine, 2002.

Gauthier, Yvon, Gilles Fortin et Gloria Jéliu. *L'attachement, un départ pour la vie.* Montréal : Éditions du CHU Sainte-Justine, 2009.

Laporte, Danielle. *Favoriser l'estime de soi des 0-6 ans.* Montréal : Éditions du CHU Sainte-Justine, 2002.

Laporte, Danielle et Lise Sévigny. *L'estime de soi des 6-12 ans.* Montréal : Éditions du CHU Sainte-Justine, 2002.

LITIÈRE, Marc. *Maman, j'y arriverai jamais : face à la peur de l'échec, comment redonner confiance à votre enfant.* Bruxelles : De Bœck, 2004.

RIGON, Emmanuelle. *Papa, maman, j'y arriverai jamais ! Comment l'estime de soi vient aux enfants.* Paris : Albin Michel, 2001.

THÉRIAULT, Chantal. *L'estime de soi en famille.* Outremont (Québec) : Quebecor, 2007.

Suggestions de livres pour les enfants et les adolescents

BEAUMONT, Karen. *Moi, je m'aime.* Markham (Ontario) : Scholastic, 2006. 30 p. [3 ans+]

DUFRESNE, Didier. *Bénédicte se trouve trop petite.* Paris : Mango Jeunesse, 2005. 21 p. (Je suis comme ça) [3 ans+]

MOORE, Julianne. *Miss Fraise.* Paris : Albin Michel Jeunesse, 2008. 32 p. [3 ans+]

THEOBALD, Joseph. *Oscar en veut toujours plus !* Zurich : Nord-Sud, 2006. 24 p. [3 ans+]

TIBO, Gilles. *Ritou, le raton rêveur.* Saint-Lambert (Québec) : Dominique et Cie, 2007. 32 p. (Estime de soi) [3 ans+]

DUBÉ, Pierrette. *Comment devenir une parfaite princesse en 5 jours.* Montréal : Imagine, 2006. 32 p. [4 ans+]

GIRARD, Sophie. *La trop parfaite Ophélie.* Le Gardeur : Impact, 2002. 40 p. (Impact jeunesse. Psychologie) [4 ans+]

DEMERS, Dominique. *Le secret de Petit Poilu.* Montréal : Imagine, 2007. 32 p. [5 ans+]

DE SAINT-MARS, Dominique. *Max se trouve nul.* Fribourg : Calligram, 2007. 45 p. (Max et Lili) [6 ans+]

DE SAINT-MARS, Dominique. *Lili se trouve moche.* Fribourg : Calligram, 1997. 45 p. (Max et Lili) [6 ans+]

REYNOLDS, Peter H. *Moi, c'est moi!* Toulouse: Milan, 2005. 32 p. [6 ans+]

BEN KEMOUN, Hubert. *Nulle!* Tournai: Casterman, 2002. 58 p. (Comme la vie) [7 ans+]

DUTRUC-ROSSET, Florence. *C'est la vie Lulu! Je me trouve nulle.* Paris: Bayard jeunesse, 2006. 39 p. (Lulu!) [7 ans+]

BOILY, Diane. *Le vieil arbre et l'oiseau.* Québec: Septembre, 2007. 32 p. [8 ans+]

GERVAIS, Jean. *Le concours.* Montréal: Boréal, 1998. 64 p. (Dominique) [8 ans+]

LABBÉ, Brigitte. *L'être et l'apparence.* Toulouse: Milan, 2005. 39 p. (Les goûters philo) [8 ans+]

PRUD'HOMME, Karmen. *Bonne année, Grand Nez.* Montréal: Hurtubise HMH, 2001. 112 p. (Atout) [9 ans+]

PIOT, Anna. *Marre de mes complexes.* Toulouse: Milan, 2008. 43 p. (Les guides complices) [10 ans+]

RIGON, Emmanuelle et Sylvie BAUSSIER. *Comment survivre quand on se trouve nul.* Paris: Albin Michel, 2004. 162 p. (Comment survivre) [10 ans+]

AUDERSET, Marie-Josée. *La confiance en soi, ça se cultive.* Paris: De la Martinière Jeunesse, 2007. 112 p. (Oxygène) [11 ans+]

LANCHON, Anne. *En finir avec vos complexes.* Paris: De la Martinière, 2003. 110 p. (Hydrogène) [13 ans+]

MARQUIS

Québec, Canada

RECYCLÉ
Papier fait à partir
de matériaux recyclés
FSC® C103567

Imprimé sur du papier Enviro 100% postconsommation
traité sans chlore, accrédité ÉcoLogo et fait à partir de biogaz.

100%   PERMANENT